Peter Masters

Gottes Lebensprogramm

*Der Schlüssel zu den 10 Geboten
für Christen im 21. Jahrhundert*

D1732043

Schwengeler

Originaltitel: God's rules for holiness
© 2003 Peter Masters

ISBN 3-85666-415-7

Bestell-Nr. 818415

© der deutschen Ausgabe 2005
by Schwengeler Verlag, CH-9442 Berneck
www.schwengeler.ch

Übersetzung: Alexandra Marion

Gesamtherstellung und Umschlaggestaltung:
Cicero Studio, CH-9442 Berneck,
www.cicero-studio.ch

Inhalt

Und Gott redete alle diese Worte und sprach: Ich bin der HERR, dein Gott, der ich dich aus dem Land Ägypten, aus dem Haus der Knechtschaft, herausgeführt habe.

---

1   Du sollst keine anderen Götter neben mir haben!

2   Du sollst dir kein Bildnis noch irgendein Gleichnis machen, weder von dem, was oben im Himmel, noch von dem, was unten auf Erden, noch von dem, was in den Wassern, unter der Erde ist. Bete sie nicht an und diene ihnen nicht! Denn ich, der HERR, dein Gott, bin ein eifersüchtiger Gott, der die Schuld der Väter heimsucht an den Kindern bis in das dritte und vierte Glied derer, die mich hassen, der aber Gnade erweist an vielen Tausenden, die mich lieben und meine Gebote halten.

3   Du sollst den Namen des HERRN, deines Gottes, nicht missbrauchen! Denn der HERR wird den nicht ungestraft lassen, der seinen Namen missbraucht.

4   Gedenke an den Sabbattag und heilige ihn! Sechs Tage sollst du arbeiten und alle deine Werke tun; aber am siebten Tag ist der Sabbat des HERRN, deines Gottes; da sollst du kein Werk tun; weder du, noch dein Sohn, noch deine Tochter, noch dein Knecht, noch deine Magd, noch dein Vieh, noch dein Fremdling, der innerhalb deiner Tore lebt. Denn in sechs Tagen hat der HERR Himmel und Erde gemacht und das Meer und alles, was darinnen ist, und er ruhte am siebten Tag; darum hat der HERR den Sabbattag gesegnet und geheiligt.

---

5 Du sollst deinen Vater und deine Mutter ehren, damit du lange lebst in dem Land, das der HERR, dein Gott, dir gibt!

6 Du sollst nicht töten!

7 Du sollst nicht ehebrechen!

8 Du sollst nicht stehlen!

9 Du sollst kein falsches Zeugnis reden gegen deinen Nächsten!

10 Du sollst nicht begehren das Haus deines Nächsten! Du sollst nicht begehren die Frau deines Nächsten, noch seinen Knecht, noch seine Magd, noch sein Rind, noch seinen Esel, noch irgendetwas, das dein Nächster hat!

2. Mose 20,1–17

Prolog

«Geschrieben mit dem Finger Gottes»

Fünf Schlüssel zum Lebensprogramm Gottes

«So ist nun das Gesetz heilig, und das Gebot ist heilig, gerecht und gut.» (Röm. 7,12)

In einer vornehmen, aber etwas baufälligen Villa, die in ein christliches Konferenzzentrum umgewandelt worden war, sass eine kleine Gruppe von Teilnehmern einer Veranstaltung in einem Foyer. Im Laufe des Gesprächs kam man auf das Thema «Zehn Gebote». Ein Student drückte sich zwar sehr vorsichtig aus, aber er meinte, die Zehn Gebote seien für ihn keine besondere Herausforderung oder Hilfe in seinem Glaubensleben, weil sie sich hauptsächlich mit schlimmen Sünden wie Götzendienst, Ehebruch, Diebstahl und Mord befassten. Natürlich seien darin auch der Ruhetag und das Lügen erwähnt, aber er könne sich nicht erklären, warum Regeln über Stolz, Selbstsucht oder schlechte Laune nicht vorkämen, geschweige denn die anderen Sünden, mit denen er zu kämpfen habe.

Ein älterer Herr aus der Gruppe sagte, die Zehn Gebote seien wohl nicht konkret genug, und er könne sehr gut verstehen, warum der reiche Jüngling meinte, er hätte sie alle gehalten. Einer jungen Frau aus diesem Kreis waren sie wiederum zu negativ. Sie wünsche sich positive Lebensregeln, ähnlich denen in den Seligpreisungen der Bergpredigt oder der Frucht des Geistes, wie sie Paulus erwähne, nämlich Liebe, Freude, Frieden, Geduld und so weiter. Solche Regeln seien für Christen schliesslich relevanter.

Alle diese Leute waren ernsthafte Christen. Es wäre ihnen nicht im Traum eingefallen, selbst einen kleinen Teil der Bibel zu kritisieren. Ein Pastor aus der Gruppe begann dann mit einer Verteidigungsrede über die Zehn Gebote. Für ihn seien sie Ursprung und Zusammenfassung aller anderen biblischen Lebensregeln. Sie sprächen jede vorstellbare Sünde an, auch den Stolz und den Zorn. Er umriss ihre Rolle, ihren Umfang und ihre positiven Züge und zeigte auf, wie wertvoll sie auch für heutige Christen seien, wenn es um Charakterbildung ginge.

Dieser Pastor war nicht der Autor dieses Buches, aber die Ausführungen auf den nächsten Seiten entsprechen dem, was er in einer solchen Situation gesagt hätte. Allerdings ist der Inhalt des Buches ausführlicher. Zusammenfassend formuliert sehen die Schlüssel zu den Zehn Geboten so aus:

Erstens *spiegeln sie das Wesen Gottes wider*. Das allein ist schon ein Grund, sie zu respektieren und zu studieren!

Zweitens *gelten sie heute noch*. Es ist wirklich wichtig zu wissen, dass sie weit über den alten Zeremonial- und Zivilgesetzen stehen, die den Kindern Israel für eine bestimmte Zeit gegeben worden waren.

Drittens *sind sie für gläubige Menschen bestimmt*. Natürlich sind sie für die ganze Menschheit bindend, aber ihr vollständiger Inhalt hat eine besondere Bedeutung für Christen. Man findet in ihnen sogar Regeln für die Anbetung und die Struktur der Gemeinde Jesu.

Viertens *deckt jedes Gebot eine ganze Gattung von Sünden ab*. Dieser Schlüssel hat einen starken Einfluss auf unsere Art, wie wir die Gebote anwenden.

Fünftens *sind diese Gebote positive Regeln*, obwohl sie hauptsächlich negativ formuliert sind.

Besonders die letzten beiden Schlüssel bewirken eine grundlegende Veränderung in der Art, wie wir dieses gewaltige Lebensprogramm Gottes verwenden. Nichts eignet sich besser als die Zehn Gebote, wenn es darum geht, unser persönliches Wachstum zu fördern, sobald wir uns öffnen für alles, was sie uns lehren. Im Neuen Testament lesen wir, dass wir sie aus Liebe zu Christus einhalten (Joh. 14,15) und sie die Grundlage unserer Sicherheit in Ihm (1. Joh 3,18–19) sind. Natürlich kann durch das Halten der Gebote niemand gerettet werden, aber für Gläubige, die durch Gnade und Glauben an Christus allein erlöst sind, sind sie von unschätzbarem Wert. In diesem Buch folgen wir den fünf biblischen Schlüsseln, mit deren Hilfe wir die Reichtümer des «königlichen Gesetzes» aufschliessen wollen.

1. Die Gebote spiegeln das Wesen Gottes wider

Zunächst ist es wichtig zu erkennen, dass die Zehn Gebote direkt vom ewigen Wesen des heiligen Gottes kommen und Ihn widerspiegeln. Wir dürfen sie nicht als eine untergeordnete, frühere Version des göttlichen Gesetzes ansehen, als einen «primitiven» Kodex, der nur für die Zeit des Alten Testaments bestimmt war. Fälschlicherweise bezeichnet man sie als vorübergehende Regelungen für ein geordnetes Leben der Menschheit in einer gefallenen Welt, aber sie sind weit mehr als das. Weil sie das vollkommene Wesen Gottes widerspiegeln, sind sie der Massstab, nach dem die Welt gerichtet werden wird, aber auch eine dauerhafte Lebensregel für erlöste Menschen. Sogar Charles Hodge, der bedeutende amerikanische Theologe aus dem 19. Jahrhundert, übersieht diese entscheidende Tatsache, wenn er behauptet, die Gebote über Mord, Ehe und den Schutz des Eigentums hätten über dieses Leben hinaus keine Gültigkeit mehr und seien deshalb «nicht auf dem Wesen Gottes gegründet». Diese Sichtweise weicht von den gängigen Bibelkommentaren ab und beschränkt die persönliche Anwendung der Zehn Gebote auf ein Minimum. Wenn wir erst einmal begreifen, dass alle Gebote das ureigenste Wesen Gottes widerspiegeln, erkennen wir auch ihre umgestaltende Kraft. Ein Beispiel: Das sechste Gebot verurteilt ein Verbrechen wie Mord, weil es zum unveränderlichen Wesen Gottes gehört, Seine Kinder am Leben zu erhalten und es gut mit ihnen zu meinen. Der Herr selbst wird das sechste Gebot in der ewigen Herrlichkeit einhalten. Dort wird keines von Seinen Kindern umkommen. Es entspricht dem Wesen Gottes, niemanden zu verletzen oder zu vernichten, es sei denn als gerechte Strafe für begangene Sünde. Wie wir noch sehen werden, verbindet Mose die Sünde des Mordes mit dem Verbrechen der Freiheitsberaubung und dem Vergehen, alternden Eltern ihre Würde zu nehmen. Jedes Mal, wenn Menschen verachtet oder deren Gefühle verletzt werden, wird ein Verbrechen begangen, das vergleichbar ist mit Mord. Solche Taten sind deshalb schlimm, weil sie das genaue Gegenteil von den Eigenschaften eines liebenden Gottes sind. Auch in dieser Hinsicht will Er uns in Sein Bild umgestalten. Die Zehn Gebote lassen sich auf unser Leben anwenden, wenn wir erkennen, dass jedes von ihnen dem Wesen unseres herrlichen Gottes entspringt.

Auf ähnliche Weise ist das siebte Gebot ein Ausdruck der *Treue* Gottes. Das Verbot des Ehebruchs ist nicht nur zweckmässig, um in dieser heutigen, unvollkommenen Welt das sexuelle Verhalten der Menschen zu regeln. In seinem höchsten Sinn wird es in der ganzen Ewigkeit von Gott und Seinen erlösten Kindern eingehalten werden, denn beide werden einander absolut treu sein. Wenn wir erkennen, dass dieses Gebot direkt aus dem Wesen Gottes kommt, stellen wir eines fest: Sein Umfang geht weit über die Ehe hinaus. Deshalb überrascht es uns nicht, wenn Jesaja, Jeremia, Paulus und Jakobus (neben anderen inspirierten Verfassern der Bibel) dieses Gebot verwenden, um in ihrer Belehrung die Pflicht der *geistlichen* Treue hervorzuheben.

Das achte Gebot («Du sollst nicht stehlen») spiegelt ebenfalls das wunderbare Wesen Gottes wider. Er ist der grosse, unendlich grosszügige Geber. Seine Segnungen sind unermesslich und nicht mit Geld zu erkaufen. Seine Kinder sollen Ihm auch darin ähnlich sein. Sie sollen Gebende sein, nicht Schmarotzer, die andere ausnutzen – sei es in materieller oder gefühlsmässiger Hinsicht. Das achte Gebot geht über den Diebstahl von materiellem Besitz weit hinaus. Tragischerweise sind viele Christen, die niemals einen materiellen Diebstahl begangen haben, in ihren Gemeinden nur Mitläufer und deshalb eher eine Belastung als eine Bereicherung. Diese Haltung macht sie zu Dieben, weil das achte Gebot ein Ausdruck der unendlichen Güte und Grosszügigkeit Gottes ist.

Diese Beispiele vermitteln uns nur einen kleinen Einblick in die Anwendungsmöglichkeiten für unser Glaubensleben. Sie springen uns ins Auge, sobald wir erkennen, dass die Gebote das Wesen und die Neigungen des allmächtigen Gottes widerspiegeln. Aber wie können wir uns dieser Tatsache sicher sein? Die Antwort lautet: Weil Gott es gesagt hat. Als Er Mose gebot, dem Volk das Sittengesetz zu verkünden, begann Er mit den Worten: «Rede mit der ganzen Gemeinde der Kinder Israels und sprich zu ihnen: Ihr sollt heilig sein, denn ich bin heilig, der HERR, euer Gott!» (3. Mose 19,2). In den Büchern Mose tauchen einige Male ähnliche Aussagen auf. Darin wird erkennbar, dass uns das Sittengesetz als erweiterte Ausdrucksform des göttlichen Wesens oder Beschreibung Seiner Heiligkeit gegeben wurde. Auch dem Apostel Paulus zufolge sind die Gebote mehr als nur Regeln für das Zusammenleben der Menschen. Er hebt wiederholt ihren *geistlichen* Charakter hervor. In Römer 7,12.14 sagt er: «So ist nun das Gesetz heilig, und das Gebot ist heilig, gerecht und gut. Denn wir wissen, dass das Gesetz geistlich ist; ich aber bin fleischlich, unter die Sünde verkauft.»

Deshalb sollte es uns einleuchten, dass der Moralkodex der Zehn Gebote das wunderbare Wesen und die Charaktereigenschaften Gottes offenbart.

2. Die Gebote sind auch heute noch gültig

Der zweite Schlüssel zum Reichtum der Gebote ist das Wissen, dass sie die unveränderlichen, göttlichen Regeln über Anbetung und ein heiliges Leben enthalten. Dieser Gesichtspunkt ergibt sich ganz natürlich aus dem vorherigen. Wenn die Gebote das unwandelbare Wesen Gottes widerspiegeln, folgt daraus, dass sie jeder veränderlichen Regelung von der Ära des Alten bis zu der des Neuen Testaments überlegen sind. Bibelleser stellen oft die Frage, warum man die Zehn Gebote trennen soll von den Zivil- und Zeremonialgesetzen, die Gott dem Mose gegeben hatte, und warum sie die höchste Ausdrucksform des göttlichen Sittengesetzes sein sollen. Warum sollen die anderen Gesetze wegfallen, die Zehn Gebote aber nach wie vor gültig sein? Die Antwort auf diese Frage ergibt sich aus dem Neuen Testament. Dort werden alle Zehn Gebote in den Lehren Christi und Seiner Apostel bestätigt. Manchen Auslegern zufolge bildet das vierte Gebot über den Sabbat oder den Tag des Herrn eine Ausnahme. Wir werden jedoch in der Betrachtung über dieses Gebot nachweisen, dass das nicht der Fall ist.

Der Sonderstatus der Zehn Gebote wird von Mose dargelegt, indem er auf die Art ihrer Verkündigung hinweist. So sagt er: «Diese Worte redete der HERR zu eurer ganzen Gemeinde auf dem Berg, mitten aus dem Feuer, dem Gewölk und der Dunkelheit, mit gewaltiger Stimme, und er fügte nichts hinzu. Und er schrieb sie auf zwei steinerne Tafeln und gab sie mir» (5. Mose 5,22). In 2. Mose 31,18 wird erwähnt, dass die Gebote mit dem Finger Gottes geschrieben wurden. Gott vermittelte diesen speziellen Teil Seines Wortes auf eine einzigartige Weise. Er sprach durch inspirierte menschliche Boten, durch Propheten und Apostel, aber diese Gebote verkündete Er durch eine mächtige Stimme vom Himmel, und Er schrieb sie mit Seinem eigenen Finger auf Stein. Diese direkte Art der Mitteilung erhob die Zehn Gebote weit über die nachfolgenden Zeremonialund Zivilgesetze. Auf dramatische Weise wurde ihnen der göttliche Stempel aufgedrückt. Sie wurden dadurch in eine Position versetzt, von der aus sie wie ein Lichtstrahl über beide Testamente hinweg scheinen sollten.

Gleich nach der Verkündigung der Zehn Gebote offenbarte der Herr den Israeliten eine Vielzahl anderer Regelungen, aber auf eine weniger spektakuläre Art. Er gab ihnen detaillierte Erklärungen über die Gebote, fügte viele Gesetze für bestimmte Situationen hinzu, auch die religiösen Zeremonialgesetze. Diese untergeordneten Gesetze hatten mehrere Ziele:

1. Sie hatten eine erzieherische Funktion. Das Volk sollte mit ihrer Hilfe wichtige Prinzipien wie die Heiligkeit Gottes und die Notwendigkeit des priesterlichen Dienstes und des Opfers verstehen.
2. Sie sollten den Menschen bis zum Kommen Christi ein vorübergehendes System der Anbetung ermöglichen.
3. Sie sollten als sichtbare Hinweise auf das Werk des Messias dienen.

Alle diese untergeordneten Zivil- und Zeremonialgesetze sollten nur gelten, bis Christus kam, obwohl die ihnen zugrunde liegenden Prinzipien uns auch Lehren für die heutige Zeit vermitteln können, und zwar in theoretischer sowie praktischer Hinsicht. Dennoch stehen die Zehn Gebote als das bleibende göttliche Sittengesetz über allen diesen Regeln. Wenn eine Lehre diese Gebote mit den durch das Kommen Christi abgeschlossenen Gesetzen gleichsetzt, können wir eine solche Auffassung getrost ausser Acht lassen.

3. Die Zehn Gebote als Lebensprogramm für gläubige Menschen

Der dritte Schlüssel zu den Reichtümern der Zehn Gebote ist die Erkenntnis, dass sie einem doppelten Zweck dienen sollten. Sie sollten zwar für die ganze Menschheit bindend sein, aber für diejenigen, die den Herrn kennen und lieben, sollen sie eine besondere Hilfe sein. Für die Menschheit im Allgemeinen dienen die Zehn Gebote als Massstab für Gerechtigkeit und ein gottgemässes Leben, indem sie für schuldig gewordene Menschen den Zugang zum Himmel blockieren. Sünder können nur Reinigung und Erlösung erfahren, weil Christus an ihrer Stelle die Forderungen des Gesetzes erfüllt und für die Seinen die Strafe auf sich genommen hat.

Vor unserer Bekehrung wirken die Zehn Gebote finster und bedrohlich auf uns, weil sie uns verurteilen und unsere Sünde offen legen, aber wenn wir zu Christus gehören, werden dieselben Gebote zu einem Lichtstrahl für uns, zu einer grossen Richtschnur und Lebenshilfe. Einerseits sind sie für die gesamte Menschheit absolut bindend, weil sie als Grundlage für das göttliche Gericht dienen. Andererseits sind sie für alle Erlösten eine Verhaltensregel, eine Anleitung zur Anbetung und ein Segen. Das erfahren wir von Mose, der die spezielle Rolle des Gesetzes im Leben gläubiger Menschen mit diesen Worten hervorhebt: «Und du sollst den HERRN, deinen Gott, lieben mit deinem ganzen Herzen und mit deiner ganzen Seele und mit deiner ganzen Kraft. Und diese Worte, die ich dir heute gebiete, sollst du auf dem Herzen tragen» (5. Mose 6,5–6). Mose sprach hier nicht von einem Gehorsam aus Angst, sondern er zeigte auf, dass das Gesetz ein Segen sein soll für diejenigen, die den Herrn lieben. Für solche Menschen sollte das Gesetz eine Richtschnur sein, aber auch etwas Kostbares, Überzeugendes und Inspirierendes.

Finden wir eine solche Inspiration in den Zehn Geboten? Ja, wenn wir diesen Schlüssel in der Hand halten, nämlich die Erkenntnis, dass sie vor allem für wiedergeborene Menschen entworfen wurden. Als der Herr die Zehn Gebote dem Volk vorstellte, sagte Er: «Ich bin der HERR, dein Gott, der ich dich aus dem Land Ägypten, aus dem Haus der Knechtschaft, herausgeführt habe.» Diese Worte haben eine besondere Bedeutung für Menschen, die von Gott Freiheit und Befreiung erfahren haben. Sie wurden verfasst als ein Gesetzbuch der Freundlichkeit, eine «Formel» für den weiteren Weg der Freiheit. Es war die Absicht Gottes, Seine Kinder vor Schaden zu bewahren, und deshalb sagte Er zu ihnen: «Ich habe euch aus der Unfreiheit in die Freiheit geführt. Hier sind die Regeln, die euch auf dem Weg des Segens begleiten sollen.»

Die zweifache Funktion der Gebote ist vergleichbar mit einer grossen, eisernen Zugbrücke, die den Weg zu einer von einem breiten Wassergraben umgebenen Burg versperrt. Wenn sie hochgezogen ist, kann man nicht in die Burg hinein, aber wenn das Signal zum Herunterlassen ertönt, wird das unüberwindliche Hindernis zu einer Brücke über den Graben. Wenn die Zugbrücke unten ist, sieht der Besucher der Burg vor sich eine sichere, eiserne Strasse. Die bedrohliche Barriere wird zu einer Hilfe auf seinem Weg. Dieses Beispiel trifft den Sachverhalt nicht ganz, weil die Zehn Gebote keineswegs eine Brücke oder ein Mittler zwischen dem Menschen und Gott sind. Dennoch verwandeln sich die Gebote durch die Erlösung von Feinden in Freunde. Wir dürfen deshalb von den Zehn Geboten einen persönlichen Rat und Hilfe erwarten, ein freundliches, beschützendes Wort. So können sie beispielsweise dazu dienen, christliche Gemeinden vor der Instabilität durch eine unerfahrene Leitung zu bewahren. Wie können wir als Christen Gewissheit haben über die wunderbaren Segnungen Gottes und über Seine Gegenwart? Die Antwort lautet: durch die Zehn Gebote. Obwohl sie für alle Menschen bindend sind und natürlich auch strenge Verbote enthalten, kommt darin Gottes Güte zum Ausdruck, besonders wenn es um die Bewahrung und das geistliche Wachstum Seiner Kinder geht.

4. Jedes Gebot deckt eine ganze «Familie» von Sünden ab

Der vierte Schlüssel zum vollen Wert der Zehn Gebote ist unentbehrlich. Wenn er vernachlässigt wird, dann leidet jede Auslegung oder jedes Verständnis über die Gebote unter extremer Oberflächlichkeit. Dieser vierte Schlüssel ist die Auffassung, dass jede in den Zehn Geboten erwähnte Sünde für eine ganze Gattung steht. Jede von ihnen ist das Hauptvergehen in einer «Familie» von begangenen Taten. Mose zeigt dieses Prinzip in mehreren Textabschnitten auf, und das Neue Testament bestätigt es wiederholt. So ist es zum Beispiel bekannt, dass das Verbot des Ehebruchs auch die Begierde im Herzen beinhaltet und das Verbot des Mordes den Hass mit einschliesst. Wenn deshalb ein Gebot eine grössere Sünde verbietet, umfasst es auch alle «geringeren» Sünden aus derselben Familie.

Natürlich sollen die Zehn Gebote wörtlich genommen werden und auch der Gehorsam ihnen gegenüber soll sich auf die darin erwähnte Sünde beziehen. Aber wenn man die Gebote auf diese konkreten Sünden begrenzt, bleibt von ihnen nur noch ihr oberflächlicher Sinn. Wir müssen uns immer fragen, welche anderen Sünden zur selben Gatung gehören wie die in den Geboten erwähnten. Mose gibt uns häufig die Antwort, wenn er das Gesetz in einem weiteren Sinne erklärt. In den folgenden Kapiteln dieses Buches werden wir immer wieder auf seinen «Kommentar» zurückgreifen. Wenn zum Beispiel Götzen und Götzenbilder verboten werden, dann erkennen wir, dass damit der Oberbegriff einer ganzen «Familie» von Sünden gemeint ist. Auch weiterführende Formen des Götzendienstes gehören in diese Familie. Wenn es deshalb etwas in unserer Anbetung oder in unserem Leben gibt, was für uns zur Quelle fleischlichen Genusses oder fleischlicher Befriedigung wird und damit die Stelle Gottes einnimmt, dann ist das ein Götze. Ähnlich verhält es sich mit dem Ehebruch als schlimmster

Sünde in einer Familie von Vergehen, die alle anderen Formen der Untreue, auch *geistlichen* Ehebruch, mit einschliesst. Wir werden in den nächsten Kapiteln diese «Familien» von Sünden näher untersuchen (und deren Existenz nachweisen).

5. Die Zehn Gebote sind nicht nur Verbote

Der letzte Schlüssel zum Verständnis und zur Wertschätzung der Zehn Gebote ist die Überzeugung, dass sie positiv und negativ gleichermassen gehandhabt werden sollen. Obwohl sie negativ formuliert sind, sollen wir entsprechend dem Willen Gottes nach der positiven Seite einer jeden Sünde streben. Die Zehn Gebote sind als Verbote formuliert, weil ihre vorrangige Aufgabe darin besteht, die Sündhaftigkeit des Menschen ans Licht zu bringen. Gläubige Menschen dagegen sollen das Gegenteil vom Verbotenen lieben und anstreben. Das Neue Testament lehrt uns diese Sichtweise über die Gebote. So lesen wir in Hebräer 13,5: «Euer Lebenswandel sei frei von Geldliebe! Begnügt euch mit dem, was vorhanden ist; denn Er selbst hat gesagt: ‹Ich will dich nicht aufgeben und dich niemals verlassen!›» Zufriedenheit und Vertrauen zum Herrn sind die positiven Eigenschaften, die wir aus dem zehnten Gebot ableiten können.

Diese Methode der Auslegung lag schon von Anfang an in der Absicht Gottes für Seine Kinder. Er inspirierte Mose zu diesen beispielhaften Worten: «Und du sollst den HERRN, deinen Gott, lieben mit deinem ganzen Herzen und mit deiner ganzen Seele und mit deiner ganzen Kraft» (5. Mose 6,5). Diese Worte wählte der Herr später als vollkommene Zusammenfassung der ersten Tafel von den Zehn Geboten. Schon immer sollten wahre Gläubige die positive Seite eines jeden Verbots erkennen. Mose fordert uns erneut auf, über diese positiven Seiten nachzudenken, wenn er sagt: «Haltet genau die Gebote des HERRN, eures Gottes, und Seine Zeugnisse und Seine Satzungen, die Er dir geboten hat! Und du sollst tun, was recht und gut ist vor den Augen des HERRN, damit es dir gut geht …» (5. Mose 6,17–18). Nichts kann positiver sein als diese väterliche Ermahnung. Wenn wir es nicht schaffen, in jedem Gebot die guten Seiten zu identifizieren, dann haben wir das Wesentliche nicht begriffen. Wir müssen aus jedem Gebot einen Sinn dafür entwickeln, welche Menschen wir nach dem Willen Gottes sein sollen, und bei jeder Sünde müssen wir das positive Gegenstück erkennen.

* * * * *

Bevor wir mit dem Studium der Zehn Gebote anfangen, wollen wir uns deutlich machen, dass wir in unserem ganzen Leben von Christus allein abhängig sind. Gläubige Menschen verdienen sich nicht den göttlichen Segen, indem sie dem Gesetz gehorsam sind. Mit unserem Streben nach einem besseren Leben können wir uns nichts verdienen, weil wir den göttlichen Massstäben niemals gerecht werden können. Dennoch möchte Gott von uns, dass wir uns freiwillig und freudig nach Seinem Sittengesetz richten, um Ihm zu gefallen und Ihn zu ehren. Ein kleines Kind bekommt vielleicht eine Belohnung, wenn es brav ist, aber mit seinen Bemühungen verdient es sich nicht das Geld für diese Belohnung. Ähnlich ist es bei Gott. Er «belohnt» die Gerechten, aber diese Belohnungen sind Gnadengeschenke, weil sie erkauft worden sind durch unseren Herrn und Erlöser Jesus Christus. Mit einer gleichgültigen Haltung gegenüber den göttlichen Geboten verwirken wir jedoch Trost, Heilsgewissheit, die Wirksamkeit unseres Dienstes und Gebetserhörungen. Vielleicht provozieren wir damit sogar das zurechtweisende Handeln des Herrn an uns (s. dazu Hebr. 12).

Bibelverse über die bleibende Gültigkeit der Zehn Gebote werden in einem Anhang auf Seite 153 angeführt.

Kapitel 1

Das erste Gebot
«Du sollst keine anderen Götter neben mir haben!»

Gott an erster Stelle

«... damit er in allem der Erste sei» (Kol. 1,18).

Das erste Gebot nimmt die Barmherzigkeit und Verheissungen des Evangeliums in ihrer Ganzheit vorweg, weil es uns sagt, dass wir Gott kennen und eine persönliche Beziehung zu Ihm haben können. Es ermöglicht uns, uns Ihm zu nähern, Ihn anzubeten, uns an Seiner Herrlichkeit zu freuen und von Ihm alles zu bekommen, was wir brauchen. Gott macht darin eine bedeutungsvolle Aussage über Seine Erreichbarkeit für jeden Menschen, der Ihm vertraut, denn in diesem Gebot will Er uns sagen: «Ich werde dir gnädig sein. Ich werde für dich da sein. Ich werde für dich ein Vater, Erlöser und Freund sein, und du wirst neben mir keine anderen Götter brauchen. Du darfst zu mir kommen, mich lieben, meine Gegenwart erfahren und meine Vergebung, mein Leben, meine Kraft empfangen. Du darfst teilhaben an meinen ewigen Zielen, als mein Kind, und ich werde für immer dein Gott sein.»

Das ist die logische Schlussfolgerung aus der Tatsache, dass wir neben dem Herrn keinen anderen Gott brauchen. Weil wir den unfehlbaren und herrlichen Herrn über alle und alles kennen dürfen, haben wir keinen Grund oder Vorwand, uns anderen Göttern zuzuwenden, seien sie religiöser oder weltlicher Art. Weil Er immer für uns da ist, verlangt Gott, dass wir Ihn zum alleinigen Gegenstand der Anbetung machen, Ihn als die alleinige Quelle des Lebens und der Wahrheit anerkennen und uns Seiner Herrschaft beugen.

Der Begriff «andere Götter»

Was sind diese «anderen Götter», die in diesem Gebot erwähnt werden? Es handelt sich bestimmt nicht um heidnische Götzen. Matthew Henry beschreibt diese «anderen Götter» so:

«Es ist verboten, jede Art von sündhaftem Genuss zu lieben, sich daran zu freuen oder etwas Gutes davon zu erwarten. Gleichermassen dürfen wir nicht erlauben, dass eine Person oder etwas Geschaffenes, wie wertvoll oder hervorragend sie oder es sein mag, in unserer Zuneigung mit Gott konkurriert. Jede Form von Atheismus, Untreue und Unglauben ist Widerstand gegen Gott und ein Versuch, von Ihm unabhängig zu sein. Der stolze Mensch ist sein eigener Götze, weil er sich selbst anbetet und das auch von anderen erwartet. Der gierige Mensch macht einen Gott aus seinem Wohlstand, den er liebt, von dem er abhängt und sein persönliches Glück erwartet. Der Genussmensch betet mit seinen Praktiken ‹Gottheiten› an, die so widerwärtig sind wie die Götzen in einem heidnischen Tempel.»

Beabsichtigt die Bibel, dass wir die Bedeutung des Ausdrucks «andere Götter» auf diese Weise ausdehnen? Ist das der ursprüngliche, wörtliche Sinn des ersten Gebots? Das ist tatsächlich der Fall. Die Gottheiten der antiken Welt standen nämlich für das Streben nach Erfüllung durch das Geschaffene und durch das Ich. Das erste Gebot sollte nicht nur heidnische Götter verbieten, sondern auch *das, was sie verkörperten*. Vor unserer Bekehrung ist der Götze «Ich» oft, wenn nicht sogar normalerweise, unser höchster Gott. Der Stolz in allen seinen Spielarten beherrscht uns, so dass wir selbst den ersten Platz in unserem Leben einnehmen. Unsere Anbetung und unser Dienst gilt der «Nummer eins». Durch unsere eigensüchtigen Ziele verlieren wir jedes Interesse am wahren Gott. Nach unserer Bekehrung werden Stolz und Eigenliebe unsere grössten Feinde. Dann sehen wir sie als «Götzen», als Rivalen des Herrn, der uns erlöst hat.

Götzendienst ist die Anbetung (oder die Abhängigkeit) von allem, was die Stelle Gottes einnimmt. Dazu gehören auch wir selbst und alle Arten von Götzen, seien sie intellektueller, emotionaler, materieller oder sinnlicher Natur. Das Neue Testament zeigt uns, dass wir das erste Gebot auf diese Weise deuten müssen. So zählt Paulus in Kolosser 3,5 die Sünden der Unmoral auf, der Unreinheit, der Leidenschaft, der bösen Lust und der Habsucht. Für ihn ist ein solches Verhalten *Götzendienst.* Hier ist nicht die Rede von heidnischen Götzen. Wenn wir jedoch unsere ganze Zufriedenheit aus irdischen Dingen beziehen, ist das auch eine Form der Anbetung.

Paulus macht eine ähnliche Aussage in Epheser 5,5: «Denn das sollt ihr wissen, dass kein Unzüchtiger oder Unreiner oder Habsüchtiger (der ein Götzendiener ist), ein Erbteil hat im Reich des Christus und Gottes.» Er zeigt auf, dass jede Art von Gier ein Verstoss gegen das erste Gebot sein kann. In Philipper 3,19 spricht er von Irrlehrern, deren «Gott der Bauch» ist und die «irdisch gesinnt» sind. In der Sprache der Bibel wird jedes unkontrollierte Verlangen zu einem Götzen.

Überhaupt keine anderen Götter

Wenn man den vollständigen Sinn des Gebotes entdecken möchte, braucht man eine genauere Erklärung der beiden Wörter «neben mir» in «Du sollst keine anderen Götter neben mir haben». Es ist durchaus möglich, dass wir sie falsch lesen, im Sinne von «du sollst keinen anderen Gott vor mir oder über mir haben». Diese Lesart würde uns viele Götzen in unserem Leben ermöglichen, solange sie nicht die Stelle Gottes einnehmen. Genau diesen Kompromiss gaukelt Satan uns vor. Die Wörter «neben mir» bedeuten jedoch nicht «vor mir», sondern «vor meinen Augen». So hat sie William Tyndale in seiner Ausgabe des Neuen Testaments von 1530 übersetzt. Es ist eine zwingende Art zu sagen: «Du sollst überhaupt keine anderen Götter haben!»

Natürlich sollen wir keinen Gott befürworten, der gegen den Herrn ist. Aber was ist mit einem Gott, der behauptet, auf der Seite des Herrn zu sein? Manche Christen versuchen, ihr übertriebenes Modebewusstsein, ihre Liebe zu weltlicher Musik und ihr Streben nach Reichtum damit zu rechtfertigen, dass alle diese Dinge dem Herrn dienen. Wenn sie teure, su permodische Kleidung tragen, fühlen sich «Weltmenschen» in ihrer Gegenwart wohl. Mit Rockmusik wollen sie viele Menschen in die Gemeinde locken. Ihre luxuriösen, mit allem erdenklichen Komfort versehenen Häuser sollen offen sein für evangelistische Hauskreisarbeit. Die Götter der extremen Genusssucht können, so meinen sie, im Dienst für den Herrn angepasst, gezähmt und aufgewertet werden. Manche bibelgläubige Christen glauben anscheinend, dass sogar falsche Religion einen heiligen Anstrich bekommen kann. Deshalb befürworten sie eine ökumenische Zusammenarbeit mit Katholiken und bibelkritischen «Liberalen». Das erste Gebot verurteilt jedoch alle anderen Götter, seien sie religiöser oder materieller Natur, ob sie nun dem wahren Gott gegenüber feindlich eingestellt sind oder sich angepasst geben.

In der Zeit des Alten Testaments bestand das grösste, immer wiederkehrende Problem der Israeliten darin, dass sie den Herrn *und gleichzeitig* andere Götter anbeteten. Über dieses Verhalten des Volkes finden wir in 2. Könige 17,41 diese Bemerkung: «So kam es, dass diese Völker den HERRN verehrten und zugleich ihren Götzen dienten.» Gott sagt jedoch im ersten Gebot: «Du sollt deine Zuneigung und dein Vertrauen nicht auf etwas setzen, das meinen Platz einnehmen oder mir helfen soll, als ob ich keine Macht hätte.»

Unerwartete Götter

Dieses erste, den Kern unseres Wesens zutiefst treffende Gebot durchleuchtet unsere innersten Gedanken. Deshalb müssen wir es im weiteren Verlauf dieses Kapitels zu uns sprechen lassen. Als wir noch nicht an Gott glaubten, füllten wir unser Leben mit allen möglichen Alternativen zu Gott an. Wir wollten den Herrn nicht suchen und finden. Deshalb musste die Leere in uns gefüllt werden mit Vergnügungen, Unterhaltung, beruflichen Interessen, persönlichem Ehrgeiz und dem Streben nach Besitz. Wenn sie im richtigen Verhältnis bleiben, sind natürlich manche Vergnügungen und Besitztümer wertneutral und durchaus legitim. Die Frage lautet nur: Sind manche Dinge für uns noch immer Götzen? Unsere erste Definition des Begriffs «andere Götter» muss deshalb etwa so lauten:

Alles, was meiner Anbetung des Herrn tatsächlich im Weg steht, ist ein «anderer Gott». Auf ähnliche Weise ist alles, was meinen ungeteilten Dienst für den Herrn zunichte macht oder hindert, ein «anderer Gott».

Alternativen zu Gott nehmen viele Gestalten an. Eine weit verbreitete Form ist die Neigung zu Tagträumen, die uns Glück und Zufriedenheit vorgaukeln, wenn sie sich auf materielle oder selbstsüchtige Wünsche konzentrieren. Eine ausufernde Fantasie kann zur Wohnstätte von geistigen Götzen werden. Deshalb müssen wir uns manchmal die Gewissensfrage stellen: «Wovon habe ich in der letzten Woche geträumt?» Wir dürfen nicht zulassen, dass sich eine endlose Prozession von vorbeiziehenden Göttern in unserer Gedankenwelt einnistet.

Manche gläubigen Menschen machen sich auf fast krankhafte Weise ständig Sorgen über Banalitäten des Alltags. Mit dieser Haltung blenden sie den lebendigen Gott und wichtige Lebensfragen aus. Ob wir es nun wahrhaben wollen oder nicht: Wenn wir es zulassen, dass Alltagsprobleme uns so sehr ablenken, dann werden diese Probleme zu «anderen Göttern», weil sie uns die emotionale Kraft zum Nachdenken, zum Gebet und zum Dienst für Gott rauben und deshalb seine Stelle einnehmen. Wenn wir beten wollen, wird für uns plötzlich jede andere Sache interessanter, wichtiger oder dringender als das Gebet. Alles, was sich zwischen uns und diese wertvolle, besondere Zeit mit Ihm drängt, kann zu einem anderen Gott werden.

Daraus folgt eine weitere Definition des Begriffs «andere Götter». Jeder Mensch oder jeder Gegenstand, dem ich unangemessene oder übermässige Bewunderung oder Gefühle entgegenbringe, ist ein «anderer Gott». Wir können viele Menschen und Dinge in dieser Welt bewundern und wertschätzen, aber wenn eine Person oder ein Gegenstand in unseren Gefühlen eine *dominierende Rolle* zu spielen beginnt, ist Vorsicht angebracht. Man muss mit besonderer Sorgfalt vorgehen, um einen solchen «anderen Gott» zu identifizieren, weil Gott uns die Fähigkeit geschenkt hat, Dinge oder Menschen zu lieben, wertzuschätzen und zu geniessen. Es ist vollkommen legitim, wenn wir fasziniert sind von den Dingen um uns herum. Wir haben vom Wort Gottes her sogar den Auftrag, das Universum, in das Gott uns gestellt hat, zu erforschen, unter unsere Kontrolle zu bringen, zu verstehen und zu geniessen. Wir müssen jedoch gewährleisten, dass unser Interesse an diesen Dingen niemals unseren Gehorsam und unsere Hingabe dem Herrn gegenüber in Frage stellt.

Gegenmittel gegen andere Götter

Detaillierte Tipps zu diesem Thema folgen im Kapitel über das zehnte Gebot, aber an dieser Stelle wollen wir zwei Heil- oder Gegenmittel erwähnen, mit deren Hilfe wir den Einfluss der «anderen Götter» in unserem Leben eindämmen können. Das erste hilft uns, jedem unangemessen starken Gefühl der Zuneigung oder Begeisterung für materielle oder irdische Dinge entgegenzuwirken. Anstatt unsere ganze Wertschätzung und Freude in unsere Besitztümer zu investieren oder in unseren Beruf oder geschäftlichen Erfolg, in unsere Kinder, Häuser, in unsere Kleidung, unsere Hobbys usw., sollten wir diese Gefühle immer dann zügeln, wenn es *um uns selbst* geht. Wenn es um *meinen* Besitz, *meinen* beruflichen Erfolg oder *mein Äusseres* geht (ob ich nun einkaufe oder mir Gedanken darüber mache), muss ich versuchen, mit meinem Interesse nüchtern und massvoll zu bleiben. Ich muss fest entschlossen sein, mich nicht zu sehr von diesen Dingen gefangen nehmen zu lassen, sondern sie eher sachlich zu sehen. Dabei sollte ich mich auf das Wesentliche beschränken und mich in einem vernünftigen Rahmen bewegen. Indem wir diesen Weg beschreiten, können wir unsere Neigung, die Dinge dieser Welt anzubeten, in dem Moment zügeln, wenn sie uns am stärksten im Griff haben, nämlich dann, wenn sie unserem Stolz und unserer Eigenliebe dienen. Deshalb sollten wir uns sagen: «Wenn ich selbst betroffen bin, will ich mich weigern, in einer Sache aufzugehen oder in Tagträumen zu schwelgen. Ich will bescheiden und ehrlich sein, wenn es um meine persönlichen Bedürfnisse geht. Ich werde mich nicht tagelang mit Äusserlichkeiten befassen oder mich in Plänen verlieren. Wenn es eine *persönliche* Sache ist, werde ich meine Gefühle fest im Griff haben.»

Das bedeutet nicht, dass wir in Sack und Asche herumlaufen oder in abbruchreifen Häusern wohnen müssen. Aber unsere *persönlichen* Pläne, Bestrebungen und Besitztümer sollten für uns eine potentielle Gefahrenzone darstellen. Wir werden zu allem, was in diese Kategorie fällt, eine innere Distanz wahren und Massnahmen ergreifen, um jede Neigung zu übermässiger Begeisterung oder Schwelgerei zu unterbinden. Stattdessen werden wir unsere Begeisterungsfähigkeit für das Werk Gottes investieren und ein stärkeres Interesse an dessen Erfolgen und Erfordernissen haben. Wir wollen alle unsere Fähigkeiten, zu planen und zu träumen, in die Arbeit für das Reich unseres Herrn hineinlegen. Auf jeden Fall soll sich unsere Befähigung zur Wertschätzung und zum Genuss freier entfalten können, wenn es um das Werk des Herrn oder um die Lebensumstände unserer Mitmenschen geht. Das Wort Gottes gebietet uns die Nächstenliebe: «Tut nichts aus Selbstsucht oder nichtigem Ehrgeiz, sondern in Demut achte einer den anderen höher als sich selbst» (s. dazu Phil. 2,3–7). Wenn also meine Fähigkeit zu planen und mein Interesse an einem Vorhaben oder Projekt geweckt werden, dann sollte ich mich fragen: «Geht es dabei um mich?» Wenn die Antwort «Ja» lautet, müssen bei uns die Alarmglocken läuten, weil in meiner Seele ein «anderer Gott» genährt werden könnte. Aber wenn das Vorhaben oder der Gegenstand unseres Interesses jemand anderen oder einen Arbeitgeber oder viel besser noch unseren Herrn betrifft, bewege ich mich auf sicherem Boden.

Es gibt noch eine weitere Methode, um starke Bindungen an irdische Dinge zu lösen. Sie besteht darin, unsere Begeisterungsfähigkeit mehr in der Natur auszuleben. Wir leben in einer unnatürlichen Welt, die angefüllt ist mit Technik und von Menschenhand geschaffenen Gegenständen. In den Grossstädten haben wir nur selten die Gelegenheit, den Sternenhimmel, die Berge und Landschaften so zu sehen, wie sie die Psalmisten voller Begeisterung über den Schöpfergott erlebt haben. Wenn wir uns aber die Zeit nehmen, in die Natur hinauszugehen, die Schönheit der Schöpfung zu betrachten und dabei an den Schöpfer zu denken, dann bewegen wir uns mit unseren Gefühlen der Wertschätzung und der Freude wieder auf sicherem Boden.

Fassen wir zusammen: Unsere Kreativität und Fantasie leben wir am besten aus in der Natur, der tätigen Nächstenliebe und vor allem in unserem Dienst für das Evangelium. Auf diesen Gebieten ist die Wahrscheinlichkeit gering, dass wir uns «andere Götter» machen. Am gefährlichsten ist es immer, wenn wir selbst im Mittelpunkt stehen. Wir haben die Verpflichtung zur Selbstkontrolle und Ausgeglichenheit. Wenn wir dieser

Verpflichtung nicht nachkommen, dann ertappen wir uns sehr schnell dabei, wie wir anderen Göttern dienen. Das Gebot an uns lautet: «Strebt nach dem, was droben ist, und nicht nach dem, was auf Erden ist.»

Die Götter in unserem Leben erkennen

1. Können wir verzichten?

Hier stellt sich die Frage: Wie kann ich feststellen, ob ich so sehr an einer Sache hänge, dass sie zu einem «anderen Gott» geworden ist? Wie merke ich es, wenn ich eine zu starke Bindung zu einer Sache oder einer Person habe? Die Antwort ist zunächst einmal eine Gegenfrage: «Bin ich bereit, auf diesen Gegenstand oder diese Person, auch wenn sie mir nahe steht, zu verzichten, wenn der Herr das von mir verlangt?» Ein Beispiel ist die Situation, in der sich verfolgte Christen häufig befinden. Eines wissen diese Menschen ganz genau: Wenn sie mit ihrer Anbetung, ihrer Verkündigung und Jugendarbeit weitermachen, werden sie verhaftet und sind jahrelang von ihren Familien getrennt. Für Ehepaare und Familien scheint dieser Gedanke unerträglich zu sein. Schliesslich will Gott, dass sie einander lieben und sich nahe sind. Dennoch steht der Herr für sie an erster Stelle. Wenn wir jedoch nicht bereit sind, einen Verlust hinzunehmen, und sei es auch für längere Zeit, dann wird sogar die von Gott geheiligte Liebe zwischen Eheleuten zu einem «anderen Gott». Die Ehe ist eine Gabe Gottes, ein Ausdruck Seiner Liebe, und doch kann sie sich ins Negative umkehren, wenn sie einen Platz einnimmt, der vor dem Herrn und unserer Treue zu Ihm steht. Auch wenn zwischenmenschliche Beziehungen für uns eine grosse Bedeutung haben, hat Gott sie uns gegeben, damit wir sie in Seinen Dienst stellen. Gott kann uns in Freundschaften und in der Ehe segnen, aber Er muss immer an erster Stelle stehen. In Ländern, in denen Religionsfreiheit herrscht, werden wir nicht auf das Zusammensein mit anderen oder unserem Ehepartner verzichten müssen, aber manche christliche Ehepaare protestieren schon über eine kurze Trennung, wenn sie dazu aufgefordert werden, sich in der Gemeindearbeit zu engagieren. Die Frage lautet nur: Hat der Herr und der Dienst für Ihn immer den ersten Platz in unserem Leben?

2. Was beherrscht mein Denken und Handeln?

Es gibt einen weiteren Hinweis darauf, dass in unserem Leben etwas zu einem «anderen Gott» geworden ist. Das ist dann der Fall, wenn eine Aktivität, ein Gegenstand oder eine zwischenmenschliche Beziehung mein Leben beherrscht. Paulus sagt: «Alles ist mir erlaubt – aber nicht alles ist nützlich! Alles ist mir erlaubt – aber ich will mich von nichts beherrschen lassen!» (2. Kor. 6,12). Manche Menschen lassen sich von ihren Verwandten oder Freunden beherrschen. Natürlich müssen wir ein gutes Zeugnis ablegen gegenüber unseren Verwandten, die nicht an Gott glauben, aber es ist traurig, wenn man sieht, wie Christen sich von ungläubigen Eltern oder Verwandten manipulieren, beherrschen und einschüchtern lassen. Junge Christen nehmen manchmal von Verwandten beträchtliche finanzielle oder andere Hilfe an, und dann fühlen sie sich ihnen gegenüber verpflichtet. Als Folge davon lassen sie sich von ihnen jahrelang tyrannisieren. Für solche Christen ist die Familie zu einem Gott geworden, an den sie sich hilfesuchend wenden, und später dann zu einem Gott, dem sie gehorchen müssen.

Tragischerweise machen manche gläubige Menschen aus ihrer Karriere oder ihrem Studium einen Gott. Sie investieren ihre ganze Zeit und Kraft dafür und nicht mehr für den Herrn. Hier ist eine vernünftige Ausgewogenheit angebracht, weil Studium und Weiterbildung förderlich sind, aber manche Menschen lassen sich von diesen Zielen beherrschen und können sich deshalb in ihrer Ortsgemeinde nicht im Dienst für den Herrn engagieren. Ihr höchstes Ziel ist eine bedeutende Stellung in der Gesellschaft und das damit verbundene hohe Einkommen. Aber was ist, wenn der Herr mit diesen karriereorientierten Studenten andere Pläne hat? Das ist fast undenkbar, denn diese Leute haben alles schon geplant, und ihre Pläne können nicht mehr in Frage gestellt werden. Gewisse Ziele sind zu Göttern geworden, und der wahre Gott darf sich da nicht mehr einmischen.

Natürlich kann Gott manche Seiner Kinder zu grossen beruflichen Erfolgen berufen. Er allein ist der Befehlshaber Seiner Heerscharen. Aber Sein Wort sagt auch, dass wir nicht nach grossen Dingen streben sollen. Für gläubige Menschen ist es nicht angebracht, unerbittlich weltliche Ziele zu verfolgen und sich dabei dem Wertesystem dieser Welt bedingungslos zu unterwerfen. Dann werden Bildung und persönlicher Erfolg zu Göttern gemacht.

3. Können wir Prioritäten setzen?

Wir können auch feststellen, ob wir in unserem Leben «andere Götter» haben, wenn wir uns bewusst machen, wo unsere Prioritäten liegen. Zu Recht nehmen wir viele Dinge ernst und reagieren sofort auf Notsituationen im Familien- oder Berufsleben. Aber empfinden wir genauso, wenn es um die Sache Gottes geht? Pastoren beklagen sich oft, dass Verantwortungsträger in ihren Gemeinden gegenüber den Problemen und Nöten im Dienst für Gott eine gewisse Gleichgültigkeit an den Tag legen. Vielleicht laufen Projekte nicht wie geplant, oder Gemeindeglieder brauchen Mitfahrgelegenheiten oder Betreuung. Vielleicht fehlen in bestimmten Bereichen der Gemeindearbeit Mitarbeiter. Aber manche Verantwortliche scheinen sich für solche Probleme überhaupt nicht zu interessieren. Ihre familiären und privaten Schwierigkeiten scheinen das Einzige zu sein, was ihnen wirklich wichtig ist. Ist das bei uns auch so? Wie ist es bei denen, die in einer Gemeinde keine Verantwortung tragen? Wie viele Gemeindeglieder erkennen Notsituationen in einer Ortsgemeinde und reagieren entsprechend? Hier haben wir einen wirksamen Gradmesser für die Götter in unserem Leben, für die Dinge, die uns wirklich wichtig sind.

Natürlich ist es gut und richtig, bei familiären und beruflichen Notsituationen verantwortungsbewusst und schnell zu reagieren, aber wenn wir der Sache des Herrn nicht wenigstens die gleiche Aufmerksamkeit widmen, machen wir unser Familien- und Berufsleben zu Göttern.

4. Für mich oder für den Herrn?

Fazit: *Unsere Motive verraten unsere Götter.* Ist es mein Ziel oder Motiv, von anderen Aufmerksamkeit und Bewunderung zu bekommen? Geht es mir darum, mich wohl zu fühlen und glücklich zu sein? Wenn ja, dann ist dieses Ziel ein Gott, der von uns geliebt und gebraucht wird und dem wir dienen. Wenn wir uns zum Beispiel in der Sonntagsschule engagieren und unser einziges Ziel darin besteht, eine grosse Klasse (oder zumindest eine grössere als alle anderen) zu unterrichten, dann ist das *Prestige* zu unserem Gott geworden. Wenn ich Pastor bin, geht es mir dann vor allem um zahlenmässiges Wachstum, damit andere mich bewundern, weil ich eine grosse Gemeinde habe? Wenn das mein Ziel ist, dann sind Stolz und Selbstwertgefühl zu meinen Göttern geworden. Wenn es mir jedoch darum geht, für den Herrn alles zu tun, was ich kann, damit ich andere Menschen zu Ihm führe, damit ich zu Seiner ewigen Ehre beitrage, dann ist der Herr mein Meister und Gott.

Streben wir danach, dass andere Menschen uns für eine kluge, geistreiche, starke Persönlichkeit halten, für besonders fromm, redegewandt, gebildet und so weiter? Was ist der Beweggrund für unser Handeln? Wir müssen uns diese Frage selbst stellen. «Was ist mein Motiv? Warum diene ich dem Herrn? Was will ich damit erreichen? Will ich mich selbst verwirklichen oder diene ich dem Herrn, weil ich Ihn liebe?» Wir müssen uns solche Gedanken machen, weil Gott gesagt hat, dass wir unsere Gefühle niemals von etwas anderem beherrschen lassen sollen als von Ihm. Wenn wir das erste Gebot einhalten wollen, müssen wir gegenüber uns selbst ehrlich sein. Unser Gebet sollte deshalb lauten: «Herr, hilf mir, mein Herz zu rei-

nigen und mein ganzes Wohl in Dir zu suchen. Lass mich erkennen, wenn andere Dinge Dich aus meinem Leben verdrän-
gen wollen.»

Kapitel 2

Das zweite Gebot
«Du sollst dir kein Bildnis ... machen.»

Wenn wir Gott klein machen

«O welche Tiefe des Reichtums sowohl der Weisheit als auch der Erkenntnis Gottes! Wie unergründlich sind seine Gerichte, und wie unausforschlich seine Wege!» (Röm. 11,33)

Es ist ein grosser Verlust, wenn wir das zweite Gebot so lesen, als ob es nur die heidnische Anbetung von Götzenbildern verbietet. Natürlich untersagt es den Götzendienst, aber vor allem will es jeden Versuch verbieten, den wahren Gott darzustellen. Es verurteilt aufs Strengste die Anbetung des wahren Gottes durch ein Abbild. Der berühmte *Heidelberger Katechismus* von 1563 stellt die Frage: «Soll man denn gar kein Bildnis machen?» Die Antwort lautet: «Gott kann und soll in keiner Weise abgebildet werden.» Eine andere Frage wird gestellt: «Dürfen aber nicht die Bilder als ‹der Laien Bücher› in den Kirchen geduldet werden?» Die Antwort darauf lautet: «Nein; denn wir sollen nicht weiser sein als Gott, der seine Christenheit nicht durch stumme Götzen, sondern durch die lebendige Predigt seines Wortes unterwiesen haben will.»

Natürlich können wir bildliche Darstellungen von biblischen Geschichten verwenden, besonders als visuelle Verständnishilfe für Kinder, aber darin dürfen wir niemals den Vater oder den ewigen Sohn darstellen (es sei denn, Letzterer ist nur indirekt zu sehen; dazu später mehr). Aber warum dürfen wir keine sichtbare Darstellung Gottes anfertigen? Mit dem zweiten Gebot will Gott uns Folgendes sagen: «Weil ich der lebendige, persönliche Gott bin, der unendliche, ewige Geist, dürft ihr niemals versuchen, mich bildhaft sichtbar zu machen, denn es ist unmöglich, meine göttlichen Attribute in einem Bild festzuhalten. Sobald ihr mich auf ein kümmerliches Bild oder ein lebloses Götzenbild reduziert, beleidigt ihr mein Wesen und macht mich klein.»

Gott lässt sich nicht in ein Bild pressen

Wie kann man das höchste Wesen anschaulich darstellen? Wie können wir den unendlichen Gott illustrieren? Welches Modell oder Bild kann uns auch nur einen kleinen Eindruck vermitteln über das Ewige, über unbegrenzte Weisheit und Macht? Können wir etwas vollkommen Fehlerfreies und atemberaubend Vollkommenes herstellen? Wie können wir überhaupt daran denken, unfassbare Barmherzigkeit und Liebe anschaulich darzustellen? Es ist klar, dass jedes Bild, das wir uns von Gott machen, Ihn nicht ernsthaft erfassen kann. Selbst wenn sie wunderbare Begabungen haben, können sich Menschen nur ein vages, fleischlich geprägtes, unangemessenes Bild von Gott machen.

Natürlich wird Gott durch solche törichten und unvollständigen Darstellungen beleidigt. Kein Bild, keine Skulptur kann unser Herz auf Gott als das erhabenste Wesen, die höchste Intelligenz, richten. Sobald Er auf eine sichtbare Darstellung reduziert wird, verlieren wir jede echte Ehrfurcht und jedes Staunen über den allmächtigen und herrlichen Gott. Allein durch die Worte, mit denen Gott Sein Wesen beschreibt, können wir den richtigen Eindruck vom grossen, herrlichen König des Universums bekommen. Deshalb ist das zweite

Gebot so entscheidend für unser Verständnis über wahre Anbetung.

Manche Christen verstossen unbewusst gegen dieses Gebot, weil sie Bilder von Christus haben, wie die häufig zu sehende dreidimensionale Abbildung des Abendmahls. Vielleicht wollen sie damit nur ihrem Gefühl Ausdruck verleihen, aber es ist trotzdem nicht richtig. Gläubige Menschen verwenden solche Bilder natürlich niemals als Altäre, vor denen sie anbeten, aber dennoch besitzen sie eine Abbildung des ewigen Gottessohnes. Das ist nicht in Seinem Sinne, weil Er Gott ist. Darstellungen Christi entsprechen in der Regel nicht der Wirklichkeit. Häufig zeigen sie Ihn als indogermanischen oder sogar blonden, blauäugigen Mann. Ob es sich nun um Zeichnungen, Gemälde oder Filme handelt, der Künstler oder Schauspieler legt sich zwangsläufig fest, wie Sein Körperbau, Seine Gesichtszüge und Sein Mienenspiel auszusehen haben. Aber wir wissen darüber nur so viel: «... so sehr war Sein Angesicht entstellt, mehr als das irgendeines Mannes. ... Er hatte keine Gestalt und keine Pracht; wir sahen Ihn, aber Sein Anblick gefiel uns nicht» (Jes. 52,14; 53,2). Sein irdisches Leben, die Zeit Seiner Erniedrigung, ist auf jeden Fall vorbei. Heute hat Er einen verherrlichten Leib, von dem die drei Jünger vielleicht einen visuellen Vorgeschmack bekamen, als Er vor ihnen verklärt wurde (vgl. Matth. 17,1–8). Wir können von Ihm nur eine sehr ungenaue, von tiefem Respekt geprägte Vorstellung haben, und wir dürfen Ihn niemals zu einem Produkt unserer Fantasie machen.

Wir sollten Christus auch in der Vorstellung von Kindern oder Jugendlichen nicht auf Sein irdisches Dasein beschränken, denn wenn wir das tun, sind wir nicht besser als liberale Theologen, die behaupten, Er sei nichts weiter als ein Mensch gewesen. Wenn wir in der Sonntagsschule Anschauungsmaterial verwenden, ist gegen eine Rückenansicht einer mit einem Gewand bekleideten Figur nichts einzuwenden. Aber alles, was darüber hinausgeht, ist gleichzusetzen mit fehlendem Respekt gegenüber dem zweiten Gebot. Dagegen könnte jemand einwenden, man wolle doch eine bildliche Darstellung Christi nicht anbeten. Aber das Gebot soll nicht nur eine fehlgeleitete Anbetung verhindern, sondern auch die Würde des Herrn, unseres Gottes, bewahren. An diesem Punkt ist ein Appell an Leiter von Bibelgesprächsgruppen und Sonntagsschullehrer angebracht. Das zweite Gebot wird häufig auf unsere Zeit angewendet, indem den Kindern oder Jugendlichen erzählt wird, es sei Götzendienst, wenn man Idole wie zum Beispiel einen Fussballspieler oder einen Popstar «anbetet» und nicht den Herrn. Das trifft zwar zu, aber man sollte nicht vergessen, dass die Hauptabsicht des zweiten Gebots, nämlich die Aufmerksamkeit auf die Eigenschaften Gottes zu legen, für Kinder und Jugendliche viel interessanter ist. Es macht auf sie einen grösseren Eindruck, wenn sie hören, dass Gott sich nicht in Bilder pressen lässt, weil Er viel zu gross ist, um bildlich dargestellt zu werden. Die Menschen in unserer heutigen Zeit wissen nichts über das Wesen Gottes. Sie wissen nicht, dass Er unendlich, ewig, lebendig und ein persönlicher Gott ist, allmächtig, allwissend, heilig und gerecht. Sie wissen nichts von Seinem liebenden Herzen und Seiner Majestät, Souveränität und Herrlichkeit. Das alles kann man ihnen durch das zweite Gebot nahe bringen.

Anbetung soll schlicht und einfach sein

Eine weitere wichtige Lehre lässt sich aus dem Bilderverbot ableiten. Dadurch wurde die Anbetung schlicht und einfach, ohne umständliche menschliche Ausschmückung und Spielerei. Wir werden sogar davor gewarnt, die Anbetung Gottes mit unnötigen Schnörkeln und Zusätzen zu versehen, weil Gott mit vernünftigen, von Herzen kommenden Worten, im Gesang oder in der Rede, angebetet werden will. In vielen Abschnitten erwähnt die Bibel, dass wir unsere Anbetung musikalisch begleiten dürfen. Aber heutige Musikproduktionen, bei denen menschliches Können zur Schau gestellt wird und in denen es hauptsächlich um unser Vergnügen geht, sind weit mehr als nur Begleitung und nicht im Sinne des zweiten Gebots. Die Anbetung des Herrn ist heute von Unterhaltungsmusik abgelöst worden, und zwar in einem Ausmass, dass häufig keine Zeit mehr bleibt für eine Bibellesung oder ein längeres Gebet. Viele evangelikale Christen meinen zu Unrecht, dass sie sich einer Übertretung des zweiten Gebots nicht schuldig machen, solange sie keine Götzenbilder aus Stein anfertigen.

Das zweite Gebot ist positiv, weil es unsere Gedanken auf die nicht darstellbaren Eigenschaften Gottes lenkt und uns Einfachheit und die richtige Haltung bei der Anbetung lehrt. Diese Einfachheit wurde kurz nach der Verkündung der Gebote bestätigt, als Gott Anweisungen über den Bau eines Altars gab (s. dazu den Bericht in 2. Mose 20,25). Er sagte: «Und wenn du mir einen steinernen Altar machen willst, sollst du ihn nicht aus behauenen Steinen bauen; denn wenn du deinen Meissel darüber schwingen würdest, so würdest du ihn entweihen.» Nur Gott kann die Sünde sühnen, kein «Werk» oder handwerkliches Geschick des Sünders kann etwas dazu beitragen. Deshalb musste der Altar einfach sein. Das Gleiche gilt für unsere Anbetung. Kein menschlicher Einfallsreichtum darf sie stören, keine eindrucksvolle, symbolische Architektur, bunte Kirchenfenster, Kirchenchöre mit anspruchsvollen musikalischen Arrangements oder moderne Showeffekte. Damit wird nur menschliches Können (und Stolz) in die Anbetung projiziert. Das ist ein Verstoss gegen das zweite Gebot. Das Verbot sichtbarer Darstellungen Gottes sagt uns auch, dass Anbetung aus dem Glauben heraus geschieht und nicht dadurch, dass wir uns zum Beispiel den Erlöser durch unsere Vorstellungskraft oder durch Gefühlsduselei sichtbar machen.

Die Anbetung von sichtbaren Bildern erfordert nicht nur eine geschickte Vorbereitung des Bildes, sondern auch mystische Fähigkeiten und eine gewisse Erfindungsgabe. Man braucht ein hohes Mass an Konzentration, um das Bild oder den Gott hinter dem Bild zum Leben zu erwecken. Der Mönch in seiner Zelle starrt auf das Kruzifix, ein lebloses Bild, aber bevor seine «Anbetung» lebendig wird, muss er sich in einem komplizierten Akt der inneren Einkehr, der Vorstellungskraft und des Gefühls darauf vorbereiten. Mit diesen erlernten Fähigkeiten versenkt sich der Mönch in eine Meditation und konzentriert sich gedanklich auf das Kruzifix, bis es für ihn beinahe zum leidenden Christus wird. Er muss es mit dieser besonderen Intensität «anbeten», um eine gewisse Erfüllung zu erreichen. Sein Akt der Meditation wird, so denkt er vielleicht, ihm als ein Verdienst angerechnet.

Im Gegensatz dazu ist die wahre Anbetung aus dem Glauben heraus (und nicht aus einem Versuch, Christus durch die eigene Vorstellungskraft sichtbar zu machen) die einfachste und schlichteste Handlung, die wir vornehmen können, aber auch die herrlichste. Natürlich erfordert Anbetung einen gewissen Kraftaufwand, weil wir unser Herz darauf vorbereiten müssen, uns vor Gott demütigen, unsere Sünden bekennen, Rückschau halten auf die Segnungen, die wir erfahren haben, und uns über das freuen, was der Herr uns in Seinem Wort über sich offenbart hat. Sicherlich müssen wir Ernsthaftigkeit und unser Bemühen in unsere Anbetung hineinlegen, aber wenn wir durch unsere Bekehrung aus Gott heraus leben, dann brauchen wir dafür keine fragwürdigen Techniken, um ein erfülltes Gebetsleben zu haben. Heute werden mit Hilfe von Bands oder Orchestern die Gefühle der Menschen angesprochen, aber dadurch werden lediglich «Audio-Bilder» produziert, als Alternative zu einer aus dem Herzen kommenden Anbetung mit Worten und aus dem Glauben heraus. Dadurch wird das Orchester zu einem Bildnis.

Im zweiten Gebot nimmt Gott uns jede mögliche Form eines sichtbaren oder hörbaren Bildnisses und beseitigt bei der Anbetung jeden Stolz, jede Geschicklichkeit, jeden Wunsch, den Menschen oder eine bestimmte Technik in den Mittelpunkt zu stellen. Alle von Menschen geschaffenen Modelle und Figuren müssen verschwinden, damit der Vorhang weggezogen werden kann und wir im Glauben die Herrlichkeit und Grösse unseres himmlischen Vaters und unseres Erlösers wahrnehmen können. Dann werden wir sehen, was Christus am Kreuz von Golgatha für uns getan hat. Dann werden wir uns in Demut vor Ihm beugen und Ihn von ganzem Herzen lieben und bewundern. Das ist die einfachste Handlung der Seele, aber sie kann nur stattfinden, wenn wir auf Gott hören (wie Er durch Sein Wort spricht) und Ihn wertschätzen, nicht aber, wenn wir auf ein Produkt unserer eigenen Kreativität hören oder sehen.

Dieses Gebot spiegelt das Wesen Gottes wider, weil die Art, wie Er sich uns mitteilt, direkt und ehrlich ist, echt und wahrhaftig. Er bedient sich nicht eines Verwaltungsapparats, und Er versteckt sich auch nicht hinter einer Wand aus menschlicher Symbolik. Als Er in der Zeit des Alten Testaments den Menschen gebot, eine Stiftshütte und später einen Tempel zu bauen, zur Veranschaulichung Seiner Gnade und des kommenden Christus, wählte Er die Materialien und Symbole selbst aus, weil eine treffende, ungetrübte Selbstoffenbarung zu Seiner Wahrhaftigkeit gehört.

Das positive Gegenteil der in diesem Gebot genannten Sünde ist der Glaube, der die Grundlage jeder zulässigen Kommunikation mit Gott ist. Es geht dabei um eine Entscheidung zwischen Bildern oder Glauben, weil Bilder immer den Glauben zerstören.

Kapitel 3

Das dritte Gebot
«Du sollst den Namen des HERRN, deines Gottes, nicht missbrauchen.»

Dem Herrn nahe bleiben

«Dieses Volk naht sich zu mir mit seinem Mund und ehrt mich mit den Lippen, aber ihr Herz ist fern von mir.» (Matth. 15,8)

Die wahre Absicht des dritten Gebots besteht im Eigentlichen darin, eine vernünftige Anbetung und eine wirklich enge Gemeinschaft mit dem Herrn aufrechtzuerhalten. Leider meinen viele Leute, dass dieses Gebot lediglich ein Verbot ist, den Namen Gottes als Schimpfwort zu verwenden. Natürlich ist es auch das, aber es geht viel weiter, weil es uns sagt, *wie* und mit welcher inneren Haltung wir Gott anbeten sollen. Hier gibt Gott Seinen Erlösten eine Richtschnur für das Gebet, der sie ihr Leben lang folgen sollen. Um die positive Absicht dieses Gebots in vollem Umfang zu verstehen, müssen wir uns die Bedeutung bestimmter Schlüsselwörter vergegenwärtigen. Das erste Wort ist «missbrauchen» oder «zu Nichtigem aussprechen», wie es in anderen Bibelübersetzungen (z. B. der Revidierten Elberfelder Übersetzung von 1993) heisst: «Du sollst den Namen des HERRN, deines Gottes, nicht zu Nichtigem aussprechen.» Die wörtliche Bedeutung im Hebräischen ist «erheben» – ein Hinweis auf das Erheben der Stimme, wenn man den Namen Gottes in einem religiösen Zusammenhang ausspricht, beispielsweise in einem öffentlichen Gebet, beim öffentlichen Lesen eines Bibeltextes oder beim Singen eines geistlichen Liedes. Die Person, die zur Zeit des Alten Testaments die Anbetung leitete, «erhob» den Namen des Herrn. Das dritte Gebot bezieht sich deshalb auf Handlungen bei der öffentlichen Anbetung, obwohl es offensichtlich auch jedes Aussprechen des göttlichen Namens im stillen, persönlichen Gebet beinhaltet. Der Ausdruck «zu Nichtigem» ist die Übersetzung eines hebräischen Wortes, dessen Grundbedeutung an einen Sturm erinnert, der über das Land hinwegfegt und eine Spur der Verwüstung hinterlässt. Das Wort bedeutet öde, verwüstet, leer oder aber auch nutzlos und nichtig. Worte, die «zu Nichtigem» ausgesprochen werden, haben keinen positiven Nutzen. Sie sind fruchtlos und leer, weil sie unehrlich sind und nicht von Herzen kommen und deshalb banal oder oberflächlich sind.

Sprechen wir manchmal auch den Namen des Herrn auf diese Weise aus, wenn wir Lieder singen, Gebete sprechen oder an Gesprächen über religiöse Themen teilnehmen? Nehmen wir dann auch den Namen Gottes auf eine gedankenlose oder mechanische Art in den Mund? Wenn wir es nicht von ganzem Herzen ehrlich meinen und das, was wir sagen, nicht wirklich empfinden, dann wird unser frommes Gebaren in den Augen Gottes zu einer für Ihn unannehmbaren Farce. Wenn unsere Anbetung zur äusseren Form wird, erkennen wir dann, dass wir gegen das dritte Gebot verstossen, oder meinen wir, dieses Gebot gelte nur für die gotteslästerlichen Flüche eines ungläubigen Menschen? Der Massstab, den dieses Gebot an uns anlegt, bezieht sich auf unser Singen, Beten und Predigen, weil wir mit unserem ganzen Herzen und Verstand hinter dem stehen müssen, was wir sagen. Wenn nicht, beleidigen wir den Herrn.

Wir müssen beachten, dass dieses Gebot im Zusammenhang mit dem *Namen* des Herrn von uns Ehrlichkeit fordert. Gott liegt offenbar sehr viel an der Art, wie wir Seinen Namen aussprechen. Warum ist das so? Es macht uns nicht allzu viel aus, wenn andere Leute unseren Namen gedankenlos verwenden. Warum ist das bei Gott anders? Die Antwort lautet: Der Name Gottes ist unendlich bedeutsamer als jeder menschliche Name, weil sich darin Sein Wesen widerspiegelt. Der allmächtige Gott hat kein für uns sichtbares Gesicht, auch keine Gestalt. Wir können Ihn nicht sehen, berühren oder fühlen. Auch Sein göttliches Wesen können wir nicht fühlen oder wahrnehmen. Wir Menschen vergessen vielleicht den Namen eines Mitmenschen, aber wir können uns sehen und uns die Hände schütteln. Auch wenn uns der Name des anderen nicht sofort einfällt, nehmen wir den anderen als Person wahr. Wir sehen deutlich, ob es sich um einen Mann oder eine Frau handelt, ob die Person gross oder klein ist. Ein Mensch besitzt eindeutige Merkmale, sodass seine Identität nicht allein von einem Namen abhängt. Aber der Name Gottes ist viel wichtiger als jeder menschliche Name, weil wir Ihn nur aufgrund Seines Namens kennen und mit Ihm kommunizieren. Sein Name ist Seine einzige Identität und der alleinige «Kanal», mit dessen Hilfe wir unser Herz und unseren Verstand auf Ihn ausrichten.

Die Bedeutung des göttlichen Namens

Ein Name ist eine *persönliche* Bezeichnung. Wenn der Herr einen Namen annimmt, gibt Er uns damit die Gewissheit, dass Er ein persönlicher Gott ist, mit dem man kommunizieren kann. Wenn Gott keinen Namen hätte, müssten wir zu Mystikern werden und uns in der unbestimmten Anbetung einer uns unbekannten, verborgenen, gestaltlosen «Kraft» üben. Wir müssten die Augen schliessen, unsere Gedanken von allen eigenen Vorstellungen entleeren und in einer leeren, nur mit schattenhaften Ideen angefüllten Stille anbeten. Als Alternative dazu müssten wir in eine Kunstgalerie gehen und uns Kunstwerke ansehen oder uns in der Natur in den Anblick von Blumen und

Bäumen vertiefen, in der Hoffnung, dass diese Handlungen einer unbekannten, unpersönlichen «Kraft» als Anbetung genügen. Aber indem Er sich selbst durch einen Namen kundtut, sagt Gott uns, dass man Ihn kennen kann, dass Er eine Person ist und keine Kraft, weil ein Name Gemeinschaft und Identität ermöglicht. Durch Seinen Namen können wir uns Ihm in Anbetung, Liebe und Gebet nähern. Deshalb wagen wir es nicht, einen so bedeutsamen Namen auf die leichte Schulter zu nehmen. Wir wagen es nicht, zu beten, Ihn zu preisen oder vor Ihm zu singen, ohne dass Sein Name zu unserer Seele spricht.

Gott hat für sich einen bedeutungsträchtigen Namen gewählt. Damit will Er denjenigen, die Ihn anbeten, sagen, mit welchen Gedanken sie sich Ihm nähern sollen. Dieser Name ist *Herr*, das hebräische «Jahwe», und er bedeutet «der aus sich selbst und immer Existierende». Dieser Name «Ich bin, der ich bin» wurde in 2. Mose 3,14 von Gott verkündet. Er kommt vom Tätigkeitswort «sein» oder «existieren». Gott existiert aus sich heraus in dem Sinne, dass Er nicht Leben und Kraft aus einer Quelle ausserhalb von Ihm selbst beziehen muss. Ausserdem ist Er das *einzige* aus sich heraus existierende Wesen, Quelle, Ursprung und Schöpfer *allen* Lebens. Er existiert schon immer und wird auch in Zukunft existieren. Er ist der höchste, unveränderliche Gott. Der Name *Herr* (Jahwe) bedeutet das alles, und daran sollten wir denken, wenn wir uns an Ihn wenden. Wir haben nicht nur einen *persönlichen* Gott mit einem Namen, sondern Sein Name sagt uns auch etwas über Seine erhabene und ewige Macht. Der Klang Seines Namens sollte uns mit Bewunderung und tiefer Ehrfurcht erfüllen.

Daraus folgt eine weitere Bedeutung des göttlichen Namens. Wenn Er der Ursprung und Erhalter allen Lebens ist, dann ist Er derjenige, an den wir uns in jeder Lebenslage wenden müssen, weil wir ohne Ihn verloren sind. Die zweite Bedeutung Seines Namens ist deshalb *Vater* und *Versorger*. Schon wenn wir den Namen Gottes erwähnen, sollten wir an Seine gütige Liebe und Freundlichkeit denken. Wenn wir in die Versuchung geraten, eitel und eigenständig zu sein, wird Sein Name uns zurecht-weisen und zur Demut führen, weil Gott die einzige Quelle des Lebens und der Kraft ist und wir ohne Ihn nichts zustande bringen. Deshalb wollen wir Seinen Namen bewusst und liebe-voll nennen und immer daran denken, dass sich dahinter der grosse Geber verbirgt, der unsere Gebete erhört, der Seinen Kindern in jeder Situation hilft und ihnen Seinen Schutz gibt.

Drittens spricht der Name Gottes von Seiner *Autorität*. Der erhabene, aus sich heraus existierende Schöpfer und Erhal-ter ist ohne jeden Zweifel der Herr und Regent des Univer-sums. Als Schöpfer ist er gleichzeitig König. Wir sind Seine Ge-schöpfe und Diener. Wenn wir Seinen Namen erheben wollen, müssen wir Ihn gleichzeitig in aller Aufrichtigkeit als Herrn un-seres Lebens anerkennen und uns Ihm unterordnen. Wenn wir uns Ihm nicht uneingeschränkt hingeben, erheben wir Seinen Namen in Nichtigkeit.

Wir fassen zusammen: Zu wahrer Anbetung gehört das «Er-heben» des göttlichen Namens. Wir müssen uns voller Aufrich-tigkeit und Respekt bewusst machen, was dieser Name bedeu-tet. 1) Wir müssen Sein erhabenes, ewiges Leben und Seine Macht als aus sich selbst heraus existierender Gott anerken-nen. 2) Wir müssen Ihn sehen als die alleinige Quelle und den einzigen Geber von allem, was wir brauchen, und uns Ihm nähern im Bewusstsein unserer Niedrigkeit und Abhängig-keit von Ihm. 3) Wir müssen Ihn als den absoluten Herrn un-seres Lebens anerkennen. Ihm schulden wir unseren uneinge-schränkten und bereitwilligen Gehorsam und Dienst.

Wir wollen schliesslich nicht so sein wie die Pharisäer und Schriftgelehrten, deren Anbetung der Herr als «eitel» (nichtig) bezeichnete, als Er die Worte des Propheten Jesaja auf sie an-wendete und zu ihnen sagte: «Ihr Heuchler! Treffend hat Jesaja von euch geweissagt, wenn er spricht: Dieses Volk naht sich zu mir mit seinem Mund und ehrt mich mit den Lippen, aber ihr Herz ist fern von mir» (Matth. 15,7–8). Jedes Mal, wenn wir den Namen Gottes in den Mund nehmen, ohne dass wir uns die *Bedeutung* dieses herrlichen Namens in unserem Herzen und Verstand bewusst machen, sind wir Heuchler. Wenn wir den Namen Gottes aussprechen, müssen wir Ihn als unseren persönlichen Herrn ansprechen, wieder neu unsere völlige Abhängigkeit von Ihm erkennen und uns Ihm in absolutem Gehorsam hingeben.

Wenn wahre Anbetung erschwert wird

1. Wir sind mit Problemen beladen

Was ist los, wenn es uns vorkommt, als ob wir nicht den Kopf frei hätten für eine wahre und sinnvolle Anbetung, als ob wir die Wunder des göttlichen Namens nicht mehr erkennen und schätzen könnten? Vielleicht raubt uns ein quälendes Problem unsere ganze emotionale Energie. Wir singen geistliche Lieder und beten, aber mit unseren Gedanken sind wir woanders, und unsere Worte sind mechanisch. Ist es Heuchelei, wenn wir von Sorgen überwältigt sind? Nicht unbedingt, aber es kann dazu führen, wenn wir es uns zur Gewohnheit machen oder uns keine Mühe geben, dagegen anzukämpfen. Wenn wir zu unserem Gott kommen, müssen wir Ihm Respekt und Verehrung entgegenbringen. Wir müssen daran denken, dass Er über uns wacht. Wenn wir das nicht tun, sind wir auf dem besten Weg zu ausgeprägter Heuchelei. Welche Sorgen und Probleme rauben uns manchmal die Anbetung? Sind sie so gross, dass der gnädige Gott uns nicht helfen kann? Preisen wir Ihn mit unseren Lippen und bezweifeln dennoch Seine Macht? Warum können wir nicht unsere Last zu Seinen Füssen ablegen und Ihn dann nicht nur mit Worten, sondern auch von ganzem Herzen anbeten?

2. Die Dinge dieser Welt sind uns wichtiger

Sinnlose Anbetung ist auch die unmittelbare Auswirkung einer *weltlichen Gesinnung*. Satan ist der Garant dafür, dass wir alle von Zeit zu Zeit dieser Versuchung erliegen. Aufrichtig gläubige Menschen können sich so weit entfernen von einem einfachen Leben der Selbstverleugnung, dass diese Worte des Propheten auch auf sie zutreffen: «Denn wenn sie auch mit dem Mund ihre Liebe bekunden, so läuft ihr Herz doch hinter dem Gewinn her» (Hes. 33,31). Der Name Gottes wird zwar ausgesprochen, aber ausserhalb des Hauses Gottes oder des privaten Gebets sind unser Verstand und unser Herz mit unseren eigenen Träumen und Wünschen beschäftigt. Vielleicht haben wir etwas Neues gekauft und können es kaum erwarten, bis der Gottesdienst zu Ende ist, um es ausprobieren zu können. Vielleicht sind unsere Gedanken eher beim Einrichten unserer Wohnung oder beim Sonntagsmenu als beim Herrn. Die Sünde, den Namen Gottes zu Nichtigem auszusprechen, beschränkt sich nicht auf ungläubige Menschen mit ihren gotteslästerlichen Flüchen. Dieses Gebot wird auf noch viel schlimmere Weise übertreten, wenn gläubige Menschen so tun, als würden sie Gott anbeten, aber mit ihren Gedanken ganz woanders sind.

3. Wir wollen Gott nicht gehorchen

Heuchelei bei der Anbetung folgt häufig auf unsere Weigerung, dem Herrn gehorsam zu sein. Wenn ein Christ oder eine Christin ungehorsam ist, kommt er oder sie zwar noch immer zum Gottesdienst und praktiziert auch das persönliche Gebet, aber er oder sie ist nicht bereit, bestimmte, Gott gegebene Versprechen einzuhalten oder sich Christus voll und ganz hinzugeben, weil das Streben nach Karriere, der Wunsch nach Bequemlichkeit oder eine andere konkrete Sünde sein oder ihr Leben bestimmt. Wenn es darum geht, anderen vom Glauben zu erzählen, oder in der Gemeinde Sonntagsschullehrer, Mitarbeiter für den Besuchsdienst gebraucht werden oder Reparaturen, Renovierungs- oder Reinigungsarbeiten anstehen, ist ein solcher Christ oder eine solche Christin nur selten bereit, mitzuhelfen. Wenn er oder sie den Kopf zum Gebet neigt und Gott mit Seinem vertrauten Namen als seinen oder ihren Herrn anredet, dann meint er oder sie das nicht wirklich, weil der Herr im Leben eines solchen Menschen nicht mehr an erster Stelle steht und ein solcher Christ oder eine solche Christin Ihm weder gehorcht noch dient. Der Name des Herrn wird dadurch seiner Bedeutung beraubt und gedankenlos ausgesprochen. Wenn ein solcher Mensch nicht sein heuchlerisches Verhalten erkennt und bereut, muss Gott ihn züchtigen.

4. Wir gehen zu «locker» mit Gott um

Eine weitere Form der Heuchelei ist erkennbar, wenn wir auf «lockere» Art geistliche Lieder singen oder beten. Ist unsere Anbetung manchmal nur noch ein Zeitvertreib, ohne dass unser Herz dabei ist oder wir gross darüber nachdenken? Wir singen nur dann mit, wenn uns die Melodie gefällt, und dem Gottesdienst folgen wir auch nur dann, wenn es uns passt. Wenn der Name Gottes erwähnt wird, sind wir nicht so richtig bei der Sache und schon gar nicht erfüllt von Dankbarkeit und Ehrfurcht. Wir merken nicht mehr, dass wir von Ihm abhängig sind, und wir bitten Ihn auch nicht mehr um wahren geistlichen Segen.

In so mancher Gemeinde sieht man, wie die Leute ihre Blicke schweifen lassen, das Innere des Gebäudes begutachten, miteinander flüstern und sich offensichtlich nicht darum bemühen, sich mit ihrem Herzen und ihren Gedanken auf die Anbetung zu konzentrieren. Jede Anbetung, die zur Formsache wird oder aus einer «lockeren» Haltung heraus geschieht, ist nichtig und somit ein Verstoss gegen das dritte Gebot. Wenn wir uns Gott auf «lockere» Art nähern, ist das eine Katastrophe, aber heute fördern viele Pastoren diese Art, indem sie versuchen, der Anbetung eine «spassige» Note zu geben, sich einer frivolen, oberflächlichen Sprache bedienen und sich übertrieben leger kleiden. In unserer heutigen Welt wird Ungezwungenheit propagiert, aber diese Haltung lässt sich niemals vereinbaren mit der Scheu und der Ehrfurcht, die wir empfinden, wenn wir die Bedeutung des göttlichen Namens richtig verstehen.

5. Wir lassen uns von falschen Lehren beeinflussen

Als der Herr die Schriftgelehrten und Pharisäer so scharf angriff, lehrte Er, dass Anbetung nichtig wird, wenn sie von falscher Lehre begleitet wird. Er sagte: «Vergeblich aber verehren sie mich, weil sie Lehren vortragen, die Menschengebote sind.» Wenn man den Namen «Herr» aufrichtig und in seiner ganzen Bedeutungstiefe aussprechen will, muss man auch uneingeschränkten Respekt vor Seinem Wort haben. Der Pfarrer oder Pastor, der die Bibel und ihre Grundlehren mit Füssen tritt, kann es nicht ernst meinen, wenn er den Namen des Herrn im Mund führt, weil er vor der Autorität Gottes keinen Respekt hat. Er ist sich selbst ein Gesetz und nimmt aus der Bibel nur die Abschnitte, die ihm passen. Dann vermischt er die biblischen Texte mit menschlichen Ideen.

Auf ähnliche Weise beraubt der bibelgläubige Evangelist oder Pastor den Namen Gottes seines Sinnes, wenn er sich bei seinen Arbeitsmethoden nicht streng nach dem Wort Gottes richtet. In diesem Fall ist der Herr nicht mehr die alleinige Kraftquelle und Sein Wort nicht mehr die ausschliessliche Richtschnur für seine Methoden. Wenn er für seine Gemeindearbeit die Tricks und Ideen von Menschen aufgreift und das tut, was er für richtig hält, kann er nicht aufrichtigen Herzens den Namen des Herrn im Mund führen, weil er Ihm weder zuhört noch gehorcht. Wenn er meint, dass Rockgruppen zum Erfolg seiner Arbeit beitragen, dann geht er einfach seinen Weg, ohne das wahre Haupt der Gemeinde, dessen Name *der Herr* ist, zu fragen. Dann macht er alles noch schlimmer, wenn er zum Herrn betet, aber nicht daran interessiert ist, unter Seiner Autorität zu arbeiten. Damit verliert das Wort *Herr* jeden Sinn. Ein solcher Verkündiger missbraucht vielleicht nie den Namen Gottes als Schimpfwort, aber wenn er Gott nicht das Recht zugesteht, die Gemeinde nach Seinem Willen zu führen, missbraucht er den Namen Gottes und verstösst gegen das göttliche Gesetz. Das ist eine Verhöhnung des dritten Gebots, das unsere Treue gegenüber der Autorität Gottes gewährleisten soll. Diese Worte

Christi gelten heute genauso für engagierte Christen wie für die Juden des ersten Jahrhunderts: «Was nennt ihr mich aber Herr, Herr und tut nicht, was ich sage?» (Luk. 6,46).

6. Wir sind unzufrieden und mürrisch

Ein letztes Beispiel für nichtige Anbetung müssen wir noch erwähnen, weil von Zeit zu Zeit alle gläubigen Christen davon betroffen sind. In 1. Korinther 10,10 warnt der Apostel Paulus: «Murrt auch nicht, so wie auch etliche von ihnen murrten und durch den Verderber umgebracht wurden.» Er erwähnte als negatives Beispiel die Verwerfung einer ganzen Generation von Israeliten wegen dieser Sünde. Murren und Jammern macht unsere Anbetung zu einer unfruchtbaren Wüstenei. Wenn das Wort *Herr* auch die Bedeutung «Ursprung alles Guten» beinhaltet, wie können wir dann diesen Namen nennen, während uns düstere Gedanken des Selbstmitleids beherrschen? In diesem Zustand schenken wir dem wunderbaren Klang des Wortes *Herr* keinen Glauben, und es ist für uns weder ein Trost, noch macht es uns Mut. Wir glauben nicht wirklich, dass Gott der erhabene, lebendige Gott ist, der Quell und Spender alles Guten und der Eine, der uns versprochen hat, unsere Hilferufe zu hören und unser ewiger Freund zu sein. Deshalb müssen wir unser Murren in den Griff bekommen, bevor wir die Weisheit und Güte Gottes anzweifeln und Seinen Namen gedankenlos und sinnentleert aussprechen.

Fassen wir zusammen: Das dritte Gebot will uns sagen, dass wir den herrlichen, wunderbaren Namen Gottes niemals erheben sollen, ohne über seine Bedeutung nachzudenken und aufrichtig daran zu glauben. Natürlich werden wir dem Namen Gottes nicht jedes Mal gerecht, wenn wir ihn aussprechen, aber wir können es wenigstens versuchen. Solange wir mit unserem Herzen und Verstand aufrichtig hinter einer Bedeutung des Gottesnamens stehen können, können wir ihn auch auf angemessene Weise aussprechen. Vielleicht gibt es Gelegenheiten, wenn wir es zutiefst empfinden, dass Gott die alleinige

Quelle des Lebens und der Kraft ist, das aus sich heraus existierende, ewige Wesen. Ein andermal spüren wir vielleicht, wie Er der Gott aller Gnade ist, der Quell alles Guten, derjenige, der uns in Christus die Erlösung, Leben und Kraft geschenkt hat, und wie sehr wir von Ihm abhängig sind. Wieder ein anderes Mal wird uns die Herrschernatur des göttlichen Namens bewusst. Wir erkennen erneut, dass wir einem solchen Gott gehorchen und dienen müssen. Wenn wir nicht wenigstens teilweise die Bedeutung des göttlichen Namens erfassen, während wir ihn aussprechen, dann sind wir gedankenlos und unverschämt, wenn wir ihn erheben. Damit verstossen wir gegen das dritte Gebot.

Obwohl dieser Massstab unerreichbar hoch zu sein scheint, verbirgt sich dahinter viel Gutes. Wenn wir wirklich verstehen, was der Name Gottes bedeutet, und ihn aufrichtig und voller Hingabe aussprechen, werden wir einen unermesslich grossen Segen empfangen. Gott wird uns zu sich ziehen, und unsere Anbetung wird erfüllt von Licht, Erkenntnis und der festen Gewissheit, dass dieser Gott unser Gott ist. Dieses kostbare Gebot ist uns gegeben worden, damit wir ganz nahe bei Ihm bleiben. Inwiefern ist dieses Gebot ein Ausdruck des göttlichen Wesens? In diesem Kapitel haben wir festgestellt, dass das Wesen Gottes wie ein Schriftzug in Seinem Namen verborgen ist.

Welche weiteren Sünden gehören zum nichtigen, heuchlerischen Aussprechen des göttlichen Namens? Alle Formen von Unaufrichtigkeit (in Verbindung mit Gott), zusammen mit Gedankenlosigkeit, fehlendem Tiefgang, lockerer Oberflächlichkeit, Anbetung als reiner Formsache und Heuchelei. Nach welchen gegensätzlichen, positiven Eigenschaften sollen wir streben? Nach Aufrichtigkeit, Tiefgang beim Nachdenken über die Eigenschaften Gottes und nach Dankbarkeit, die sich in Freude ausdrückt.

Kapitel 4

Das vierte Gebot
«Gedenke an den Sabbattag und heilige ihn.»

Ein besonderer Tag für Kinder Gottes

«Am ersten Tag der Woche aber, als die Jünger versammelt waren, um das Brot zu brechen ...» (Apg. 20,7)

Das vierte Gebot mit seiner seelsorgerlichen und beschützenden Funktion ist einzigartig, weil es über die Belehrung hinaus auch praktische Hinweise über den göttlichen Segen und sogar eine prophetische Bedeutung beinhaltet. Leider vertreten manche Bibelausleger die Ansicht, dass dieses Gebot am Ende der jüdischen Ära und mit dem Kommen Christi seine Bedeutung und seinen Sinn verloren hat. Offenbar gibt es seit der Abschaffung der Schatten und Zeremonien im jüdischen Gesetz Meinungsverschiedenheiten über die Art, wie dieses Gebot gehalten werden soll, aber wie alle anderen Gebote gehört es ebenfalls zum ewig gültigen Sittengesetz, weil es die Heiligkeit und die Forderungen Gottes widerspiegelt (s. dazu auch die Anmerkung am Ende dieses Kapitels).

Dieses Gebot wird eines Tages den Menschen, die ihrem Schöpfer einen Teil ihrer Zeit und ihres Respekts verweigert haben, den Weg zum Himmel versperren. Dabei spielt es keine

Rolle, ob ihnen dieses Gebot erklärt wurde. Sie werden durch den Geist dieser göttlichen Forderung gerichtet werden, weil sie die Unvernunft und Härte ihrer Herzen ans Licht bringt. Obwohl die Menschen allein aus der Existenz der Welt die Schlussfolgerung ziehen konnten, dass es einen Schöpfer geben muss, wird das vierte Gebot das genaue Gegenteil offenbaren. «Denn obgleich sie Gott erkannten, haben sie Ihn doch nicht als Gott geehrt und Ihm nicht gedankt, sondern sind in ihren Gedanken in nichtigen Wahn verfallen, und ihr unverständiges Herz wurde verfinstert» (Röm. 1,21).

Nichts kann vernünftiger sein, als dass Gott von vernunftbegabten Wesen mit einem instinktiven Wissen von Seiner Existenz einen winzigen Teil ihrer Zeit erhält und dass sie nach Ihm fragen und Ihm zu Dank verpflichtet sind. In vielen Nationen hat der Tag des Herrn in den letzten zweitausend Jahren das Bewusstsein unzähliger Menschen geprägt, weil sie an diesem Tag die Gelegenheit hatten, nach ihrem Schöpfer zu fragen. Wenn Gott aus dem Himmel auf uns Menschen blickt, sieht Er, wie wir jede Stunde und jeden Tag mit uns selbst beschäftigt sind, mit unserem Vergnügen und unserem Besitz. Er beobachtet, wie der Mensch verbissen an allem festhält und seinem Schöpfer nichts davon geben will, noch nicht einmal ein Siebtel seines Lebens oder Denkens. Deshalb soll das vierte Gebot neben den anderen bestehen bleiben. Bei der Schöpfung hat Gott ein Gefühl der Verpflichtung gegenüber dem Schöpfer in das Gewissen des Menschen hineingelegt. Dieses Gebot wird am Tag des Gerichts stellvertretend für diese Verpflichtung stehen.

Das Wesen des Sabbats

Obwohl die Funktion des vierten Gebotes darin besteht, die Unvernunft der sündigen Menschheit aufzudecken, sollte es den erlösten Kindern Gottes in jeder Epoche der Menschheitsgeschichte auch Segen und Schutz bringen. Um die vielen Vorteile dieses Gebotes richtig einschätzen zu können, müssen wir die Bedeutung hinter jedem Wort kennen. «Gedenke des Sabbattages» bedeutet: «Merke dir diesen Tag vor. Mache ihn zu einem Tag, an den du in den kommenden Jahren denken wirst.» Das Wort «gedenke» ist natürlich auch auf bestimmte, in der Vergangenheit liegende Dinge (die noch erwähnt werden) gerichtet, aber es zeigt vor allem nach vorne. Obwohl der genaue Wochentag sich ändern sollte (die Apostel sollten ihn auf den «Tag des Herrn» verlegen) und obwohl in Christus die strengen Zeremonialgesetze aufhörten, sollten die Kinder Gottes aus künftigen Generationen trotzdem einen bestimmten Tag für die Anbetung und geistliche Auferbauung reservieren, wenn es von den Bürgerrechten her möglich war. Die Sprache Gottes ist eindeutig. «Gedenke» bedeutet: «Vergiss es niemals»! Diese Pflicht haben zwar alle Menschen, besonders aber die Kinder Gottes. Wir werden noch sehen, dass dieser Tag ein Anrecht Gottes ist, aber auch entscheidend für die Gesundheit unserer Seele und für unser Zeugnis anderen Menschen gegenüber.

Die Bedeutung des Ausdrucks Sabbattag erhellt die Absicht hinter dem Gebot. Es gibt unterschiedliche Meinungen über die Gesamtbedeutung dieses Wortes. Deshalb wird in den gängigen Bibelausgaben das hebräische Wort *shabbat* nicht übersetzt. Die Hauptbedeutung ist «ruhen», «aufhören, etwas zu tun», «etwas zu Ende bringen» oder sogar «an etwas erinnern», «etwas feiern». Der Begriff beinhaltet jedoch auch eine Zeit der Veränderung, wie eine Unterbrechung oder Pause. Wenn wir das alles zusammennehmen, ist der Sabbattag eine Zeit der Unterbrechung, in der wir unsere normalen Alltagsangelegenheiten ruhen lassen, um etwas anderes zu tun. Er bedeutet nicht unbedingt «Ruhe» in einem rein körperlichen Sinn, als ob man am Sabbat die Beine hochlegen und ein Schläfchen machen könnte. Wir wissen das aus 2. Mose 20,11. Gott macht Sein eigenes Vorbild zur Grundlage des Sabbatgebotes. Er sagt uns, dass Er nach sechs Schöpfungstagen am siebten Tag ruhte. Der Paralleltext in 2. Mose 31,17 verwendet das Wort Sabbat sogar als Tätigkeitswort: «... denn in sechs Tagen hat der HERR Himmel und Erde gemacht; aber am siebten Tag ruhte (hebräisch: *shabbat*) er und erquickte sich.» Hier verstehen wir, was mit «ruhen» gemeint ist, denn der allmächtige Gott schläft noch schlummert nicht, noch ermüdet Er.

Kinder Gottes empfinden den Sonntag oft als hektisch und anstrengend, wenn sie den Gottesdienst besuchen, aus dem Wort Belehrung empfangen oder geben, Sonntagsschulklassen unterrichten und Gäste bewirten. Dazu kommt häufig noch ein Fahrdienst für ältere oder weit entfernt wohnende Gottesdienstbesucher oder für Kinder. Es ist verständlich, dass dann manche von ihnen anklagend fragen: «Und das soll ein Ruhetag sein?» Die Antwort lautet allerdings: Der Sonntag ist ein Tag der Ruhe von unserer normalen Arbeit, eine Unterbrechung oder Pause, um die erfrischendste Sache der Welt zu erleben, nämlich einen Tag in den Höfen und im Dienst des himmlischen Königs.

Wichtiger noch, der Hinweis auf das «Ruhen» Gottes nach Seiner schöpferischen Arbeit erinnert uns an unser eigenes Bedürfnis nach geistlicher Erfrischung. Obwohl der Herr eine solche Erfrischung nicht nötig hat, nimmt Er hier den Standpunkt des Menschen ein, um uns zu lehren, dass wir Abstand von dieser Welt gewinnen und aus himmlischer Quelle neue Kraft schöpfen müssen. So wie Gott mit der Erschaffung der Welt aufhörte, legen wir unsere Alltagsbeschäftigung beiseite, erheben uns über die Hektik und Betriebsamkeit der Schöpfung und richten unseren Blick auf den Schöpfer. Dieser Tag ist eine Zeit des Nachdenkens und der Anbetung, aber auch des Dienens. Alles soll dem Herrn gehören. Solange uns die Gesellschaft, in der wir leben, einen solchen Tag zugesteht, sollten wir ihn nutzen. Deshalb sollten wir innehalten, unseren Alltag hinter uns lassen und nachdenken über die Wunder des Herrn, Ihn loben und Ihm dienen.

Was wir am Tag des Herrn tun

«Gedenke des Sabbattages, um ihn ... zu *halten* (Wortlaut der Revidierten Elberfelder Übersetzung von 1993).» Das hier verwendete hebräische Wort ist nicht ganz identisch mit unserem Wort «halten», weil es mehr bedeutet als «einhalten», «respektieren» oder «ehren». Im Hebräischen hat «halten» die Bedeutung von «einzäunen», vielleicht mit einer Dornenhecke, um etwas zu schützen. Gott will uns damit sagen, dass dieser Tag auf keinen Fall entwertet werden darf. Indirekt enthält dieser Hinweis auch eine Warnung. Satan wird versuchen, diesen besonderen Tag zu stören. Deshalb müssen wir wachsam sein und diesem Fallstrick ausweichen. Auch in dieser Woche werden viele gläubige Menschen weltweit in die Versuchung geraten, sich am Tag des Herrn in weltliche oder unnötige Dinge zu verstricken. Natürlich müssen wir Verständnis haben, wenn Kinder Gottes gezwungen sind, am Tag des Herrn einer Arbeit nachzugehen, weil es für sie keine andere Möglichkeit gibt, ihren Lebensunterhalt zu verdienen und ihre Familie zu ernähren. Aber ob wir nun einen Teil der Zeit oder den ganzen Tag für den Herrn reservieren, eins ist sicher: Wir müssen ihn bewusst einhalten.

Das nächste Wort, das wir uns näher ansehen wollen, ist «heilig». Es bedeutet «rein», «abgesondert» und «für Gott gegeben». An allen anderen Tagen müssen geistliche Dinge ihren Platz neben unseren weltlichen Angelegenheiten einnehmen. Letztere nehmen von unserer Zeit und Energie den Löwenanteil. Deshalb sollten am Tag des Herrn irdische Belange nicht im Vordergrund stehen.

Heutzutage ist unter Christen eine ablehnende Haltung gegenüber dem geistlichen Lied weit verbreitet. Viele von ihnen erstreben eine Angleichung der Anbetungsmusik an die Produkte der modernen, moralisch fragwürdigen Unterhaltungsindustrie. Die Vorstellung, Anbetung als etwas zu sehen, was sich von der Welt unterscheidet, ist für sie lächerlich, und die Musikformen der traditionellen, evangelikalen Anbetung erscheinen ihnen altmodisch. Aber das Sabbatgebot gibt den vielen anderen biblischen Aussagen über Anbetung als etwas anderes, Heiliges, Besonderes und Abgesondertes ein besonderes Gewicht. Unsere Anbetung am Tag des Herrn ist anders und unterscheidet sich sogar von unserem kulturellen Umfeld. Das alles lehrt uns das Sabbatgebot. Vor allem Anbetung gehört zum Tag des Herrn, an dem unsere normale Arbeit ruht und wir andere Dinge tun. Wir suchen nicht unseren eigenen Genuss auf irdischer Ebene, weil wir den Tag heilig halten oder absondern wollen für den Herrn, indem wir Ihn anbeten, uns aus Seinem Wort belehren lassen, uns gegenseitig dienen und miteinander Gemeinschaft pflegen.

Wie im Altertum muss man sich auch heute auf einen dem Herrn geweihten Tag vorbereiten. Die Juden der Antike waren eine Agrargesellschaft. Deshalb musste ihre tägliche Arbeit ganz auf diesen Tag abgestimmt werden. Gleiches gilt heute für die Planung im Haushalt, mit Einkäufen, Reinigungsarbeiten und der Zubereitung von Mahlzeiten, aber auch Schüler sollten ihre Hausaufgaben für Montag schon am Samstag machen. Sogar sonntägliche Ermüdungserscheinungen müssen berücksichtigt werden. Manche Menschen spüren den Wechsel vom Samstag auf den Sonntag besonders stark. Sobald sie im Haus Gottes ihren Platz einnehmen, schlafen sie ein. Wenn man sich auf diesen Tag nicht richtig vorbereitet und der Geist müde ist, kann man ihn nicht richtig einhalten, bewahren oder für den Herrn heiligen. Dann wird er in der Tat zu einem Tag, an dem sich der «Abfall» der vergangenen Woche ansammelt und wir am wenigsten aufnahmefähig sind.

Das vierte Gebot sagt uns, dass der Herr den Sabbattag segnete. Jetzt stellt sich für uns natürlich die Frage: In welcher Hinsicht hat der Herr diesen Tag gesegnet? Er hat diesen Tag mit einem besonderen geistlichen Segen versehen, den kein anderer Tag hat. Wenn allerdings durch einen politischen Umsturz plötzlich der Donnerstag und nicht mehr der Sonntag zu einem nationalen Feiertag erklärt würde, wäre das für wahre Christen nicht allzu schlimm, denn wir wollen in dieser Angelegenheit nicht gesetzlich denken. Eines dürfen wir wissen: Wenn wir die Freiheit dazu haben, dann wird jeder Tag, den wir Gott geben, von Ihm auf wunderbare Weise gesegnet sein. Wir werden jene Salbung und Kraft erfahren, die der Prophet Jesaja mit diesen Worten schildert:

«Wenn du am Sabbat deinen Fuss zurückhältst, dass du nicht an meinem heiligen Tag das tust, was dir gefällt; wenn du den Sabbat deine Lust nennst und den heiligen [Tag] des HERRN ehrenwert; wenn du ihn ehrst, so dass du nicht deine Gänge erledigst und nicht dein Geschäft treibst, noch nichtige Worte redest; dann wirst du an dem HERRN deine Lust haben; und ich will dich über die Höhen des Landes führen und dich speisen mit dem Erbe deines Vaters Jakob! Ja, der Mund des HERRN hat es verheissen» (Jes. 58,13–14).

Der Tag des Herrn – Sinn und Zweck

Es folgen jetzt sechs Punkte über den Zweck, dem der Tag des Herrn dienen soll, solange die Welt sich dreht. Jeder dieser Punkte leitet sich her von dem Gebot, wie es auf dem Sinai gegeben, und von dem Modell, wie der Tag des Herrn im Neuen Testament eingehalten wurde.

1. Dieses Gebot ermöglicht erstens eine regelmässige Zeit der Dankbarkeit und der Anbetung für Kinder Gottes. An diesem Tag bezahlen sie ihrem Gott und König ihre geistlichen Gelübde und bringen Ihm ihre Wertschätzung und Verehrung entgegen.

2. Das Gebot fordert zweitens gläubige Menschen dazu auf, über den Herrn nachzudenken und sich gründlich mit dem ihnen verkündigten Glauben auseinander zu setzen. Sein Wort soll sie herausfordern, ihr Herz bewegen und näher zu Ihm ziehen. Es soll sie erstaunen und begeistern, aber auch im Verständnis und der Lehre aufbauen. Vor allen anderen ist dieser Tag dazu da, unser geistliches Wachstum zu fördern.

3. Durch den Tag des Herrn können Christen in ihrem Leben *Prioritäten setzen* und ihren Gehorsam unter Beweis stellen. Wie die Juden von alters her ihr Leben um diesen Tag herum organisieren mussten, damit sie ihre landwirtschaftliche und andere Arbeit Gott unterordnen konnten, «unterbrechen» auch wir unser Alltagsleben und handeln ähnlich. Damit geben wir unser Lebensprogramm in die Hände Gottes und erklären, dass Sein Wille in unserem Leben Vorrang vor allem anderen hat. An diesem kostbaren Tag unterwerfen wir unser Leben und unsere «weltlichen» Vergnügungen dem Herrn.

4. Der Tag des Herrn ist viertens ein entscheidender und bedeutsamer Tag, an dem wir Zeugnis über unseren Glauben ablegen. Als die Juden im Altertum ihr Leben um diesen Tag herum organisierten, hatte das eine grosse Wirkung auf ihre heranwachsenden Kinder und auch auf die umliegenden Völker. Alle konnten sich die Frage stellen: «Wer ist dieser erhabene Herr, dem dieser Tag geweiht ist?» Ähnliches geschieht heute, wenn Kinder Gottes von ihren Mitmenschen beobachtet werden, wie sie am Tag des Herrn Ihn anbeten, das Evangelium predigen und die Gartenarbeit, die Autowäsche, das Einkaufen, das eigene Vergnügen beiseite schieben. Das ist ein wirksames Zeugnis vor den Augen einer aufmerksamen Welt. Unerlöste Menschen geben es vielleicht nicht zu, aber die enge Bindung von Gläubigen an den Tag des Herrn hat eine grosse Wirkung auf sie. Auch Familien hilft diese Form der Hingabe zum Herrn, ihren aufrichtigen Glauben gegenüber ihren Nachbarn, Verwandten oder skeptischen Kindern unter Beweis zu stellen.

5. Der Tag des Herrn ist fünftens von besonderer Bedeutung, weil wir damit unsere totale Abhängigkeit von Gott und unsere Hilfsbedürftigkeit ausdrücken. In der Zeit des Alten Testaments hätte ein Jude sich auch darauf berufen können, dass er für Saat und Ernte mehr Zeit brauchte. Der Sabbat war in gewisser Weise eine wirtschaftliche Einbusse, aber wenn das jüdische Volk ihn gehalten hat, sagte es dem Herrn damit, dass Sein Segen ihm mehr wert war als die Eigenständigkeit. Ähnlich ist es heute. Christen haben so viele Möglichkeiten, ihren Erfolg zu gewährleisten. Sie könnten (so denken sie vielleicht) viele Probleme lösen und noch viel mehr erreichen, wenn sie an diesem Tag einen Teil der Zeit für sich beanspruchen könnten. Aber der Tag des Herrn ist unsere Erklärung Gott gegenüber, dass wir abhängig sind von Seiner Barmherzigkeit, Kraft und Hilfe. Dieser Tag ist ein Akt der Hingabe, mit dem wir unser Vertrauen zum Himmel auf beredsamere Art zum Ausdruck bringen als mit Worten.

6. Wir geben sechstens eine weitere Erklärung an Gott ab, indem wir den Tag des Herrn einhalten, und zwar unsere grosse Sehnsucht nach dem ewigen Sabbat. Der Sabbat ist uns unter anderem auch als Vorgeschmack und Sinnbild der himmlischen Herrlichkeit gegeben worden. Am Tag des Herrn zeigen wir Gott, dass wir die Rückkehr Christi und den Beginn der ewigen Ordnung wirklich wollen. Wir greifen freudig nach dem Vorgeschmack des Himmels, weil wir ihn jede Woche aufs Neue geniessen dürfen. Wenn wir den Tag des Herrn geringschätzig behandeln, dann gehören wir nicht zu denen, die «Sein Erscheinen» lieben und herbeisehnen. Die «Sabbatruhe» ist ein Zeichen oder ein Vorgeschmack dessen, was Gott uns verheissen hat, wie der Liederdichter es in diesen Zeilen ausdrückt:

Wir preisen dich für dieses Unterpfand
der wahren Ruhe bei dir droben,
für dieses Zeichen aus deiner Hand,
dieses Siegel deiner Liebe, für das wir dich loben.

O Herr, wir preisen dich erneut
für einen Tag wie diesen,

so reich an ewiger Herrlichkeit,
so leuchtend in Hoffnung auf Seligkeit.

Thomas Vincent Tymms

Der Tag des Herrn ist eine Prüfung unserer Haltung in allen diesen Punkten. Wie wird ein gläubiger Mensch beurteilt, wenn ein Gottloser durch den Geist des Gebotes gerichtet wird? Heutzutage haben evangelikale Gemeinden am Tag des Herrn nur noch einen Gottesdienst. Es wird sogar behauptet, dass die Bibel nicht mehr als das fordert und der Rest des Tages zur Entspannung und zum Vergnügen dienen soll. Es gibt jedoch für uns keine bessere Möglichkeit, dem göttlichen Segen unsere Wertschätzung entgegenzubringen, als einen Tag, an dem wir unsere Seelen bewahren, unseren geistlichen Hunger stillen und uns dem Himmel nahe fühlen. Es ist kein Wunder, dass dieses Gebot zu den beiden gehört, die ausschliesslich positiv formuliert sind: «Gedenke an den Sabbattag und heilige ihn.» Dieses Gebot beinhaltet sein eigenes «positives Gegenteil».

Der Tag des Herrn ist ein deutlicher Ausdruck des göttlichen Wesens und Herzens, weil er ein Zeichen ist für das, was Er nach Seinem Willen für Seine Kinder geplant hat: ein ewiges Reich der Anbetung, der Gemeinschaft und des Lichtes.

Der Stellenwert des vierten Gebotes

Manche Ausleger behaupten, das Sabbatgebot sei in den Zehn Geboten so etwas wie ein Aussenseiter, weil es zu den Zeremonialgesetzen gehöre, die in der Zeit des Alten Testaments nur für die Juden bindend gewesen seien, solange ihr «nationaler Bund» mit Gott gültig war. Diese Ansicht kollidiert mit den drei folgenden unschlagbaren Argumenten:

1. Die Zehn Gebote als Ausdruck der ewigen Gerechtigkeit, geschrieben mit dem Finger Gottes, haben einen
einzigartigen Stellenwert.
2. Die Aussage in 2. Mose 20,11 belegt, dass der Sabbat eine
Bestimmung aus der Schöpfung ist. Gott hat einen solchen Tag von Anfang an geheiligt.
3. Der *Tag des Herrn* als neutestamentliche Variante des
Gebots ist in der Glaubens- und Lebenspraxis der Ur-
gemeinde erkennbar (s. z. B. Apg. 20,7; 1. Kor. 16,2; Off.
1,10).

Kapitel 5

Das fünfte Gebot
«Du sollst deinen Vater und deine Mutter ehren.»

Der Plan Gottes für Seine Gemeinde

«... damit es dir gut geht und du lange lebst auf Erden.» (Eph. 6,3)

Das fünfte Gebot hat darunter zu leiden, dass es oft nur wörtlich ausgelegt wird. Dem, was Gott auf umfassende Art sagen wollte, geben wir häufig eine sehr enge, begrenzte Bedeutung. Dadurch fühlen wir uns nur teilweise verantwortlich für das, was Gott uns auferlegt hat. In diesem Kapitel werden wir uns hauptsächlich mit der Anwendung dieses Gebots auf das Leben in der Gemeinde Jesu befassen und weniger mit dessen hauptsächlichen, so leicht zu verstehenden wörtlichen Sinn.

Vielleicht zählen wir dieses Gebot nicht zu den bedeutendsten, weil ein Vergehen wie Mord viel schlimmer ist als fehlender Respekt gegenüber Vater und Mutter. Auch Ehebruch ist ein weit grösseres Verbrechen. Vor diesem Hintergrund schätzen wir das fünfte Gebot nicht so hoch ein. Deshalb sollte uns diese überraschende Bemerkung des Apostels Paulus nachdenklich stimmen:

«‹Du sollst deinen Vater und deine Mutter ehren›, das ist das erste Gebot mit einer Verheissung: ‹damit es dir gut geht und du lange lebst auf Erden›» (Eph. 6,2–3).

Auf den ersten Blick scheint der Apostel Paulus Unrecht zu haben, weil doch das zweite Gebot das erste mit einer Verheissung war. Aber Paulus meint bestimmt, dass es das erste war, weil es das hauptsächliche Gebot für die Gewährleistung von langem Leben und Wohlergehen ist. Oder aber wir können das von Paulus zitierte Gebot mit unseren eigenen Worten so wiedergeben: «Ehre deinen Vater und deine Mutter; das ist das wichtigste Gebot, was die darin enthaltene Verheissung betrifft, damit es dir gut geht und du lange lebst auf Erden.» Wenn jemand schwer krank ist, ist es am wichtigsten, den Betreffenden zu einem Arzt zu bringen. Wenn jemand etwas lernen will, ist der wichtigste Ort dafür die Schule oder Universität. Wenn wir die Langlebigkeit und Stabilität des Familienlebens oder der gesamten Gesellschaft anstreben, dann ist der wichtigste Faktor dafür das fünfte Gebot. Wenn uns das überrascht, dann haben wir die Bedeutung und den Wert von diesem Teil des heiligen und wunderbaren Gesetzes Gottes bisher stark unterschätzt.

Stabilität oder Langlebigkeit?

Wir wollen kurz nachdenken über die Verheissung, die dem Gebot im zweiten Buch Mose folgt: «… damit du lange lebst in dem Land, das der HERR, dein Gott, dir gibt.» In 5. Mose 5,16 wird diese Verheissung erweitert durch die Worte «… und es dir gut geht», die Paulus in Epheser 6 zitiert. Ist es tatsächlich so, dass es uns gut geht und wir lange leben, wenn wir unsere Eltern ehren? Nicht unbedingt. Die Erfüllung der Worte im zweiten und fünften Buch Mose bezog sich nicht auf die Lebenserwartung des Einzelnen, sondern auf die Zeitspanne, in der die Israeliten das verheissene Land besitzen würden. Dazu gehörte auch ihr Wohlergehen als Nation. Die Worte des Gebotes lauten: «… damit du lange lebst in dem Land, das der

HERR, dein Gott, dir gibt!» Die Verheissung besagt, dass den Israeliten ein langes, stabiles Leben in diesem bedeutenden Gebiet sicher wäre, wenn sie dem göttlichen Gebot gehorchten und die Generation ihrer Eltern ehren sowie deren Belehrung, Führung und Erfahrung den nötigen Respekt entgegenbringen würden. Obwohl das Gebot sich an Einzelpersonen richtet, bezieht sich die damit verbundene Verheissung hauptsächlich auf die Stabilität und Langlebigkeit der Familie oder der Gesellschaft als Ganzes. Der Gehorsam gegenüber dem Gebot hatte den Segen Gottes zur Folge, und dann hätten die Israeliten eine geregelte, sichere Gesellschaft, die nicht in Chaos, Disziplinlosigkeit und Zerstreuung enden würde.

Die Art, wie der Apostel Paulus das Gebot auf Kinder anwendet, zeigt uns in der Verheissung auch den persönlichen Aspekt, den wir keineswegs ausser Acht lassen wollen. Gott wird Seinem Willen gemäss auch Einzelnen Seinen besonderen Segen geben, wenn sie mit ihren Eltern respektvoll umgehen, soweit das möglich ist. Wenn wir in den uns zugeteilten Lebensjahren den göttlichen Segen wünschen und in unserem Leben nützlich sein wollen und unsere Eltern uns nicht feindlich gesonnen oder übermässig anspruchsvoll und tyrannisch sind, sollten wir dem Herrn in diesem Punkt gehorchen und gefallen. Gott sieht es als grosse Sünde an, wenn die junge Generation halsstarrig, undankbar und gefühllos ist, die Älteren einfach beiseite schiebt und ihnen Respekt, Fürsorge und Unterstützung verweigert.

Wie wir festgestellt haben, bezieht sich die Verheissung eines langen Lebens vor allem auf die Stabilität und das Überleben Israels in seinem neuen Land. Weil Israel aber ein Sinnbild für die Gemeinde Jesu ist, beziehen sich die Worte des Gebotes auch auf den Segen und die Stabilität im Gemeindeleben. Gott will damit zu Israel und im erweiterten Sinne auch zu den Gläubigen der neutestamentlichen Gemeinden sagen: «Wenn ihr in eurer Nation (Gemeinde) der Generation der Eltern, euren Führungsleuten, euren guten Traditionen, eurer Belehrung und Weisung grossen Respekt entgegenbringt, dann werdet ihr als Nation (Gemeinde) stabil und erfolgreich sein; ihr werdet lange im Land bleiben und euer Dienst für mich wird Bestand haben.» Die Anwendung für die heutige Gemeinde Jesu ergibt sich daraus von selbst. Wenn wir die göttlichen Prinzipien von Regierung, Ordnung und Führung verstehen und anerkennen, dann werden unsere Gemeinden stabil und gesegnet sein. Sie werden lange bleiben im «Land» der göttlichen Wahrheit, das der Herr ihnen gibt. Sie werden das göttliche Licht nicht verlieren und auch nicht aufhören mit der Verkündigung des ewigen Evangeliums.

«Eltern» im weitesten Sinne

Aber wie kommen wir von «Vater und Mutter» zum Führungsamt in der Gemeinde Jesu? Wenn wir beobachten, wie im Alten Testament die Wörter *Vater* und *Mutter* verwendet werden, zeigt es sich, dass das fünfte Gebot umfassender angewendet werden soll, und zwar auf alle Arten von Elternfiguren, auch Führungspersonen im geistlichen Leben. In 1. Mose 45 erzählt Josef seinen Brüdern, Gott habe ihn für den Pharao zum «Vater» gemacht. Natürlich war er nicht der eigentliche Vater des Pharaos, sondern dieser frühe Text in der Bibel hilft uns, den weiteren Sinn zu verstehen, in dem das Wort *Vater* oft verwendet wurde. In diesem Fall bedeutete das, dass Josef der Ratgeber und «Premierminister» des Pharaos geworden war.

Im *Buch Richter* finden wir eine ähnliche Verwendung des Wortes *Mutter*. Dort wird berichtet, wie Debora «eine Mutter in Israel» wurde. Weil sie Richterin und Prophetin, also eine Führungsfigur, war, wurde sie als *Mutter* bezeichnet. Wir erinnern uns, wie Elisa dem Elia zurief: «Mein Vater, mein Vater!» Er war es gewohnt, seinen Lehrer mit diesem Titel anzusprechen, obwohl Elia nicht sein eigener Vater war, sondern als Leiter der Prophetenschule sein Lehrer und Mentor. König Joasch verhält sich ähnlich, als er Elisa zuruft: «Mein Vater, mein Vater», weil er ein Prophet, ein Hirte des Volkes und Ratgeber war. Damit zeigt er, dass diese Bezeichnung für Führungsfiguren, die aufgrund ihrer Funktion eine Elternrolle übernahmen, weit verbreitet war.

Im Alten Testament wurden geistliche und auch säkulare Amtsträger häufig als Elternfiguren gesehen und so bezeichnet. Auch im Neuen Testament verwendet Paulus das Wort Vater auf diese Weise, wenn er zu den Korinthern sagt: «Denn wenn ihr auch zehntausend Lehrmeister hättet in Christus, so habt ihr doch nicht viele Väter; denn ich habe euch in Christus Jesus gezeugt durch das Evangelium» (1. Kor. 4,15). In seiner Auslegung über die Zehn Gebote vertritt Thomas Watson die puritanische Tradition, wenn er dieses Gebot in fünf Teilbereiche aufgliedert und unterscheidet zwischen *politischen* Vätern, *Ur*vätern, *geistlichen* Vätern, *Haus*vätern (damit meint er Arbeitgeber von Hauspersonal oder Arbeitgeber im Allgemeinen) und zuletzt auch *biologischen* Vätern. Wie oberflächlich sind wir im Vergleich dazu, wenn wir dieses Gebot lesen und es nur auf die eigenen Väter anwenden. So lernen wir, dass das Gebot einen sehr umfassenden Sinn hat und auch eine Anwendung auf die Führungsfunktionen in der Gemeinde Jesu zulässt.

Die Bedeutung von «ehren»

Welche Art von Respekt ist denn mit dem vom fünften Gebot verwendeten Wort «ehren» gemeint? Es beinhaltet bestimmt keinen «Kadavergehorsam» gegenüber bestimmten Menschen, nur weil sie Amtsträger sind oder zufälligerweise älter sind als wir. Welche Einstellung soll aber dann ein Christ zum Beispiel gegenüber Politikern oder Regierenden haben? Die Antwort der Bibel lautet: Wir müssen uns ihnen unterordnen, aber nicht, wenn von uns Ungehorsam Gott gegenüber verlangt wird. Wir zahlen Steuern und beten für sie, damit wir Frieden und Glaubensfreiheit haben. Unabhängig von ihrer parteipolitischen Richtung müssen wir sie als unsere Regierenden akzeptieren, aber wir sind nicht dazu verpflichtet, sie als Menschen zu bewundern oder uns mit ihrer politischen Richtung einverstanden zu erklären. Das würde uns auch schwer fallen, denn viele, wenn nicht die meisten von ihnen, sind so weit entfernt von den Wertmassstäben der Bibel wie damals Kaiser Nero, als Paulus seine Anweisungen über unsere Haltung gegenüber Regierenden niederschrieb (s. Röm. 13,1–7 und 1. Tim. 2,1–4). Ein Christ ist kein Sozialrevolutionär oder Rebell, sondern demütig und bereit, sich unterzuordnen, gehorsam und respektvoll. Wenn aber ein Regierender etwas fordert, was sich gegen das Gesetz Gottes richtet, dann wird ein gläubiger Mensch dem Wort Gottes folgen, selbst wenn das für ihn das Todesurteil bedeutet. Dennoch bringt er der rechtmässigen Regierung nach wie vor Respekt und Gehorsam entgegen, und er betet auch für die Regierenden, weil er weiss, dass die Führung einer Nation nach dem Willen Gottes für Stabilität und Gerechtigkeit sorgen soll. Wir können an dieser Stelle nicht über die Frage diskutieren, ob eine Sozialrevolution vor diesem Hintergrund berechtigt ist, obwohl grosse Theologen sie angesichts extremer Umstände sogar für gerechtfertigt halten.

Es gibt auch Ausnahmen, wenn es darum geht, unsere eigenen Eltern zu ehren. Bedenken wir, was unser Herr und Erlöser zu dem Mann gesagt hat, der zuerst seinen Vater begraben und Ihm erst dann nachfolgen wollte: «Lass die Toten ihre Toten begraben; du aber geh hin und verkündige das Reich Gottes!» Zur Menschenmenge sagte Er: «Wenn jemand zu mir kommt und hasst nicht seinen Vater und seine Mutter ... so kann er nicht mein Jünger sein» (Luk. 9,60; 14,26).

Wenn man seine Eltern ehrt (das trifft besonders auf unvernünftige, ungläubige Eltern zu), dann bedeutet das nicht, dass man jedem ihrer Wünsche nachgibt, vor allem dann nicht, wenn sie versuchen, ihre Kinder von ihrer Hingabe zu Gott abzubringen. Wenn (in manchen Fällen sogar christliche) Eltern besitzergreifend, anmassend oder tyrannisch sind, dann sind ihre erwachsenen Kinder nicht dazu verpflichtet, unangemessen viel Zeit und Energie darauf zu verwenden, ihnen alles recht zu machen, aus Angst, sie würden sonst gegen das göttliche Gebot verstossen. Gläubige haben andere Prioritäten, vor allem auch bei ihrem Engagement in ihrer Gemeinde. Sie müssen vor allem Gott die Ehre geben. Ihre Verpflichtung, ihre Eltern zu ehren, kommt erst an zweiter Stelle nach Gott. Die Zuwendung den Eltern gegenüber darf auf keinen Fall der Hingabe zu Gott im Weg stehen. Wir schulden ihnen unseren Respekt und unsere Fürsorge, aber nicht auf Kosten unserer Beziehung zum Herrn.

Manchmal setzen junge Leute ihren eigenen Glauben und ihr Zeugnis gegenüber ungläubigen Eltern aufs Spiel, indem sie kostbare Geschenke, «Almosen» und Hilfe von ihnen annehmen. Das hat jedoch häufig ungesunde Folgen. Die Eltern meinen vielleicht, sie hätten einen Sieg errungen über den Gott ihrer Kinder, denn ihre Kinder hätten nur ihnen ihr Wohlergehen und ihre guten Lebensumstände zu verdanken. In diesem Zusammenhang sind die Worte Abrahams zum König von Sodom bedeutsam. Er sagte: «Ich hebe meine Hand auf zu dem HERRN, zu Gott, dem Allerhöchsten, dem Besitzer des Himmels und der Erde, dass ich von allem, was dir gehört, nicht einen Faden noch Schuhriemen nehmen will, damit du nicht sagen kannst: ‹Ich habe Abram reich gemacht›!» (1. Mose 14,23). Tragischerweise fühlen sich Kinder häufig verpflichtet, allen Forderungen solcher Eltern nachzugeben, weil sie ihnen viel verdanken. Aber die Eltern zu ehren bedeutet nicht, finanziell oder emotional von ihnen abhängig zu sein.

Autorität in einer Gemeinde

Die Organisationsform unserer Gemeinden gründet sich letztendlich auf das Gesetz dieses fünften Gebots. Diejenigen, die Gemeinden leiten, also geistliche Eltern, sollen in unserer Wertschätzung einen besonderen Stellenwert haben. Das Wort «ehren» bedeutet, dass wir bestimmten Menschen eine besondere Bedeutung und einen Wert geben. Wir sollen Führungspersonen zwar nicht mit persönlicher Autorität oder gar Unfehlbarkeit ausstatten, aber wir sollen ihnen Respekt entgegenbringen, ihnen zuhören und ihrer schriftgemässen Leitung folgen. Das ist ein wichtiger Schutz vor Problemen und Übeln, die entweder aus einer Anarchie oder der Unerfahrenheit und Instabilität der Jugend entstehen können. Stellen Sie sich einmal vor, wie eine Gemeinde aussehen würde, wenn wir alle vom Augenblick unserer Bekehrung an das tun könnten, was in unseren Augen richtig erscheint, wenn wir jede Idee, die uns in den Sinn kommt, in das Gemeindeleben einbringen würden. So etwas würde heutzutage (und leider ist es in vielen Gemeinden der Fall) zu einer Anpassung an die Welt und zu chaotischen Zuständen führen. Deshalb hat Gott den Gemeinden ein Führungsprinzip gegeben, zu ihrer Stabilisierung und als Bewahrung vor impulsiven Entscheidungen und voreiligen Ideen, auch wenn sie noch so gut gemeint sind (s. z. B. Hebr. 13,7; 13,17 und 1. Tim. 3,6). Durch Zuverlässigkeit, Vernunft und die daraus entstehende Stabilität erfüllt sich die Verheissung des Gebots: «... damit du lange lebst in dem Land».

Das fünfte Gebot bewahrt junge Menschen auch vor Stolz und Arroganz, weil es von ihnen verlangt, Respekt vor Älteren zu haben. Es hindert sie auch daran, das zu tun, was sie wollen. Wir wissen, dass Älteste und langjährige Mitglieder einer Gemeinde auch Fehler machen und nicht als unfehlbar angesehen werden dürfen, aber für uns hat die vom Herrn vorgegebene Struktur Vorrang, wenn nicht klare biblische Gründe dagegen sprechen. Im Plan Gottes für eine Gemeinde im Sinne des Evangeliums werden junge Menschen und Neulinge im Glauben nicht vorschnell auf schwindelerregende Höhen der Macht und des öffentlichen Wirkens gehoben, damit nicht der Stolz die Oberhand gewinnt und der Betreffende am Ende umso tiefer fällt (wie Paulus es in 1. Tim. 3,6 beschreibt).

Es ist ein eindeutiger Verstoss gegen den Sinn des fünften Gebots, wenn eine Gemeinde geistlich noch unreife Menschen in verantwortungsvolle Ämter zwingt. Damit unterliegt man nicht nur einem Fehlurteil, sondern man setzt sich über ein Gebot hinweg, das genauso viel Autorität hat wie die Gebote gegen Mord und Ehebruch. Trotzdem ist diese Voreiligkeit heute in vielen Gemeinden weit verbreitet. Gemeinden beugen sich dem Zeitgeist, lassen Rockmusik zu und in vielen Fällen machen sie die Kanzel zu einem Podium, auf dem sich junge Leute mit ihren Unterhaltungskünsten profilieren können. Mit dieser Praxis verstösst man gleichzeitig gegen mehr als nur ein Gebot, und sie ist auch ein direkter Angriff auf die Forderung Gottes nach einer reifen, verantwortungsvollen Führung bei Anbetung, Lehre und Seelsorge in Seinen Gemeinden.

Das fünfte Gebot bildet für eine Gemeinde auch die Grundlage für Disziplin, weil es die Eltern dazu berechtigt, ihre Kinder zur Disziplin zu erziehen, zu führen und zu leiten. Das Gebot erwähnt Vater und Mutter, weil die Leitung einer Gemeinde nicht nur Autorität und Disziplin erfordert, sondern auch Liebe und Fürsorge. Das Bild von der elterlichen Liebe ist hier sehr treffend, weil Vätern und Müttern ihre heranwachsenden Kinder am Herzen liegen. Natürlich erwarten sie vor allem richtiges Verhalten, aber sie haben auch tiefe Gefühle für ihre Kinder. Wenn eines von ihnen Schaden erleidet oder in die Irre geht, empfinden Eltern das als besondere Last. Das Gleiche trifft auch auf die Gemeinde zu. Leiter einer Gemeinde müssen warmherzig, verständnisvoll und darauf bedacht sein, die Kinder Gottes zu schützen und zu ermutigen. In der Familie Gottes gibt es immer eine Generation, welche die Jugend hinter sich lässt und reifer wird. Diese Gemeindeglieder sollten dann bereit sein, in der Gemeinde Verantwortung zu tragen und die Rolle der geistlichen Eltern zu übernehmen.

Rebellion in den letzten Tagen

In seiner Beschreibung der Auflösungserscheinungen in der Gesellschaft der «letzten Tage» (in 2. Tim. 3) betont Paulus, dass die Menschen «den Eltern ungehorsam» sein werden. Anders ausgedrückt, sie werden rebellieren gegen alle Arten von Elternfiguren, seien es gesellschaftliche Führungspersonen, die eigenen Eltern, Gemeindeälteste oder bewährte biblische Traditionen, die unseren Respekt verdienen. Gleichzeitig werden die Menschen «undankbar» sein. Auch gläubige Menschen gehören dazu, wenn sie in ihrem Stolz völlig gleichgültig auf die menschliche Quelle aller ihrer Segnungen und Vorteile reagieren. Paulus erwähnt weiterhin Menschen, die «leichtsinnig» und «aufgeblasen» sind, also rücksichtslos und eingebildet. Weil sie keinerlei Interesse an der göttlichen Ordnung haben, tragen solche Leute immer wieder Chaos und Instabilität in die Gesellschaft und oft auch in die Gemeinde Jesu hinein. In einer solchen Zeit leben wir heute, und wir müssen uns gegenseitig Mut machen, um den Geist dieser Welt nicht in das Leben unserer Gemeinden eindringen zu lassen. Das fünfte Gebot ist gegeben worden für den Erhalt der Gesellschaft, aber hauptsächlich für die Gemeinde und die Eindämmung von Sünden der Selbstsucht und des Ehrgeizes, aber auch für das Weiterbestehen eines wahrhaft christlichen Lebensstils. Die geistliche Lebenserwartung der Gemeinde Gottes hängt davon ab.

Hier haben wir das zweite der positiven Gebote. Deshalb ist das fünfte Gebot sein eigenes «positives Gegenteil». Sein negatives Gegenteil ist die Geringschätzung der elterlichen Autorität auf jeder Ebene, also im Familienleben, in einem Staatswesen oder im Gemeindeleben. Das fünfte Gebot spiegelt das Wesen Gottes wider, weil Respekt und Ehre auch in der vollkommenen Einheit und Harmonie der dreieinigen Gottheit zu erkennen sind. In der Herrlichkeit werden alle Erlösten und die Engelheere Gott in einem ewigen und makellosen Gehorsam dienen und Ihn anbeten. Das ist Sein grosser Plan, der Seinem heiligen Wesen und Willen entspricht.

Kapitel 6

Das sechste Gebot
«Du sollst nicht töten.»

Wir alle sind Mörder!

*«... es könnte Streit unter euch sein, Eifersucht, Zorn,
Selbstsucht, Verleumdung, Verbreitung von Gerüchten,
Aufgeblasenheit, Unruhen.» (2. Kor. 12,20)*

Wenn es ein Gebot gibt, das die meisten Menschen nicht übertreten haben, dann ist es das sechste – oder das meinen sie zumindest. In Ländern, in denen Frieden herrscht, wird Mord als Verbrechen einer gewalttätigen Minderheit angesehen, aber wir haben bereits mehrfach festgestellt, dass jede in den Zehn Geboten erwähnte Sünde nur die wichtigste in einer ganzen «Familie» von Vergehen ist. Wenn man in diesem Gebot nur den buchstäblichen Mord sehen will, schränkt man die von Gott beabsichtigte Botschaft stark ein. Christus hat uns in der Bergpredigt den weiteren Sinn des Gebotes gezeigt, als Er lehrte, dass derjenige, der *hasst*, es ebenfalls übertritt. Unsere erste Aufgabe ist es deshalb, die «Mord-Sünden» zu identifizieren und dann die *positiven* Gegensätze dieser Sünden herauszufinden und uns darauf zu konzentrieren. Am Ende dieses Kapitels folgen dann noch ein paar Anmerkungen über Abtreibung, einer Form von Mord.

Als der Erlöser die Anwendung dieses Gebots erweiterte und es auch auf Zorn, Hass und Verachtung des Nächsten bezog, sagte Er Seinen Zuhörern nichts Neues. Er fügte auch keine Bedeutung hinzu, die den Gläubigen des Alten Bundes völlig unbekannt war. Er machte nur darauf aufmerksam, was Mose gelehrt hatte, als das Gebot ursprünglich verkündet wurde. (Mose bezog schliesslich seine Inspiration von Christus, dem wahren Gesetzgeber.)

Mose erweitert den Katalog der «Mord-Sünden»

Kurz nachdem Mose dem Volk die Zehn Gebote verkündet hatte, gab Gott ihm weitere Regelungen. Darunter befand sich auch eine Liste von Vergehen, die mit dem Tod bestraft werden sollten. Das erste dieser Verbrechen war Mord (2. Mose 21,12), gefolgt von vier anderen, die ebenfalls die Todesstrafe verdienten. Sie alle haben etwas mit Mord zu tun, auch wenn das auf den ersten Blick nicht erkennbar ist. Gewalttätiges Verhalten gegenüber Vater oder Mutter verdiente den Tod (selbst wenn kein Elternteil gestorben war), auch Entführung oder Sklavenhandel und das Verfluchen der eigenen Eltern (damit war auch gemeint, dass man ihnen ihr Eigentum wegnahm und im Alter nicht für sie sorgte). Wenn jemand eine schwangere Frau verletzte und sie dabei ihr Kind verlor, musste der Angreifer dafür sein Leben lassen. Mose hat diese Verbrechen bewusst so zusammengestellt, dass sie unter dieselbe Kategorie wie Mord fallen.

Aber wie kann man beispielsweise die Misshandlung und Erniedrigung von Eltern einem Vergehen wie Mord zuordnen? Die Antwort liegt auf der Hand. Mit einem derartigen Verhalten «ermordete» man die Selbstachtung, die Würde und das Wohlergehen der Eltern. Wenn in Familien des Alten Orients die Kinder den Eltern ihr Eigentum wegnahmen und sie erniedrigten, nahmen sie ihnen die Grundlage ihrer Existenz. Alternde Eltern hatten ein Anrecht auf Ehre, die Gesellschaft und die Unterstützung ihrer Familie, weil sie ihr Glück und ihre Freude aus der Familie bezogen. Wenn man ihnen das alles nahm, war das wie Mord, weil es ein Akt des Hasses war, mit dem man den Eltern etwas wegnahm, was so kostbar war wie das Leben selbst.

Ähnlich verhielt es sich, wenn man einen anderen Menschen so sehr verachtete, dass man ihn seiner Freiheit beraubte und ihn gefangen nahm, um ihn als Sklave zu halten. Auch diese Sünde gehörte in dieselbe Kategorie wie Mord. Mose lehrte, dass das sechste Gebot eine Gruppe von Verbrechen beinhaltete, bei denen man anderen durch Ablehnung, Demütigung und Verachtung die Lebensgrundlage entzog. Wir dürfen nicht meinen, dass der Herr Jesus später das altehrwürdige Gesetz manipulierte, veränderte oder erweiterte. Im Gegenteil: Das, was der Erlöser lehrte, war schon immer vorhanden und auch im Bewusstsein der Menschen verankert. Schliesslich war der Herr selbst der Verfasser des Alten Testamentes, und Er wusste, was es den Menschen vermitteln sollte.

Mose fügt Hass und Verleumdung hinzu

3. Mose 19 enthält ebenfalls eine detaillierte Anwendung von einigen der Zehn Gebote. Dieses Kapitel wirft weiteres Licht auf die Art, wie die Menschen belehrt werden sollten. Mose verwebt hier grosszügig Gebote, in denen Hass, Verleumdung und üble Nachrede verboten werden, mit den Verboten von Mord und Racheakten. Er beweist auch hier, dass alle diese Vergehen in dieselbe Kategorie gehören. So sagt er zum Beispiel: «Du sollst nicht als Verleumder umhergehen unter deinem Volk! Du sollst auch nicht auftreten gegen das Blut deines Nächsten! Ich bin der HERR. Du sollst deinen Bruder nicht hassen in deinem Herzen; sondern du sollst deinen Nächsten

ernstlich zurechtweisen, dass du nicht seinetwegen Schuld tragen musst!» (3. Mose 19,16–17).

Dieselbe gedankliche Verknüpfung erscheint im nächsten Vers. Dort wird das Verbrechen der mörderischen Rache gleichgesetzt mit feindlichem Groll, Fehden oder Verbitterung: «Du sollst nicht Rache üben, noch Groll behalten gegen die Kinder deines Volkes, sondern du sollst deinen Nächsten lieben wie dich selbst! Ich bin der HERR» (3. Mose 19,18).

Offenbar war im mosaischen Gesetz der Mord das grösste und schlimmste Verbrechen in einer ganzen «Familie» von «Hass-Sünden», zu denen üble Nachrede und Verleumdung gehörten, aber auch Intrigen, Versklavung, die moralische «Vernichtung» der Eltern, Groll und Ähnliches. Wenn also der Herr Jesus Christus in Matthäus 5 das Gesetz auslegt, sagt Er genau das, was Er vorher durch den Mund des Mose gesagt hatte. Damit wollte Er den Juden zeigen, was sie schon längst hätten verstehen sollen.

«Ihr habt gehört, dass zu den Alten gesagt ist: ‹Du sollst nicht töten!›, wer aber tötet, der wird dem Gericht verfallen sein. Ich aber sage euch: Jeder, der seinem Bruder ohne Ursache zürnt, wird dem Gericht verfallen sein. Wer aber zu seinem Bruder sagt: Raka!, der wird dem Hohen Rat verfallen sein. Wer aber sagt: Du Narr!, der wird dem höllischen Feuer verfallen sein. Wenn du nun deine Gabe zum Altar bringst und dich dort erinnerst, dass dein Bruder etwas gegen dich hat, so lass deine Gabe dort vor dem Altar und geh zuvor hin und versöhne dich mit deinem Bruder, und dann komm und opfere deine Gabe!» (Matth. 5,21–24).

Hier bestätigt sich, dass das sechste Gebot auch den Hass im Herzen und grundlosen Zorn beinhaltet. Die Schimpfworte, die der Herr erwähnt, waren nicht einfach leichtfertig oder im Zorn dahingesagte Worte, sondern hasserfüllte, absichtlich verletzende, herabsetzende Beleidigungen. Wenn man das Wort «Raka» verwendete, wollte man damit seine Verachtung ausdrücken und den Betreffenden so sehr erniedrigen, dass er am Boden zerstört war und sich wertlos fühlte. In einem gewissen Sinn wurde mit Verachtung und Geringschätzung ein «moralischer» Mord begangen und damit das sechste Gebot übertreten. Die Worte «du Narr» sollten den anderen ebenfalls auf schlimmste Weise verletzen und Ablehnung ausdrücken.

Emotionaler Mord in unserer Zeit

Haben wir schon das sechste Gebot übertreten? «Noch nie!», antworten wir vielleicht, weil wir noch niemals jemanden umgebracht haben. Aber mit dieser Antwort verstecken wir uns hinter dem Buchstaben des Gesetzes. Wir alle haben andere schon mit Verachtung, Hass und Zorn behandelt. Wir alle haben andere schon verleumdet oder gegen sie intrigiert. Wir alle haben uns schon in übler Nachrede geübt, oder wir haben einen Groll gegen andere gehegt. Manchmal haben wir sogar auf verletzende Art unsere Eltern beiseite geschoben. Und was ist mit Versklavung? Gibt es vielleicht jemanden in unserer Familie, dem wir mit unserer Herrschsucht, Selbstsucht und Herzlosigkeit die Freiheit, das Glück und die persönliche Erfüllung rauben?

In bestimmten Epochen unserer Geschichte gehörte es zur kulturellen Norm, dass Ehemänner ihren Frauen die Freiheit genommen und sie wie Dienstboten behandelt haben. Auch heute noch treten in christlichen Kreisen manche Ehemänner die Gaben und das geistliche Potenzial ihrer Frauen in den Schmutz und behandeln sie wie minderwertige Wesen. Das sechste Gebot ordnet ein solches Verhalten den «Mord-Sünden» zu, weil man damit einen anderen Menschen demoralisiert und verunglimpft. Dieses Vergehen ist zwar nicht so schlimm wie Mord, aber es gehört in dieselbe Kategorie von Sünden. Sklaverei und Leibeigenschaft in allen ihren Schattierungen, auch eine groteske Sicht über die Ehe, sind diesem Gebot zufolge als moralischer Mord zu werten.

Mord ist auch die gegenseitige Verweigerung von Zuneigung und Selbstachtung, die Zerstörung eines guten Rufs und das Auslöschen von Freiheit und Glück. Wie stehen wir da, wenn wir das sechste Gebot in diesem Licht betrachten? Möge es für viele von uns ein Lehrmeister sein, damit wir zurückkehren zum Gnadenthron und dort Vergebung und eine Erneuerung unseres Wesens erfahren.

Ohne eine tief gehende Bekehrung entwickeln die meisten Menschen (besonders wenn sie älter sind als fünfundzwanzig) bestimmten Personen gegenüber ein tiefes Hassgefühl. Sie sind wie getrieben von Feindseligkeit oder Neid. Aber sogar nach unserer Bekehrung haben wir diese Neigung noch in uns. Mit der Hilfe Gottes müssen wir diese Gefühle in den Griff bekommen, damit wir zu Menschen werden, deren wichtigste Wesenszüge Liebe und Freundlichkeit, Frieden und Versöhnungsbereitschaft sind. Das sechste Gebot richtet sich an diesen so wichtigen Bereich unseres Wachstums im Glauben.

Wie Mose und unser Erlöser teilt der Apostel Paulus diese miteinander verwandten Sünden in Gruppen ein. In 2. Korinther 12,20 lesen wir diese erstaunliche Liste: «Eifersucht, Zorn, Selbstsucht, Verleumdung, Verbreitung von Gerüchten, Aufgeblasenheit, Unruhen». Ist die Sündengattung Mord und Hass nicht leicht zu erkennen in diesem traurigen Katalog des Streits, der Feindseligkeit, des Zorns, der Launenhaftigkeit, des boshaften Geredes, der Verleumdung und Widerspenstigkeit, einem Verhalten, mit dem Menschen sich gegenseitig umbringen und gleichzeitig das Wirken des Herrn abtöten? Erkennen lieblose und streitsüchtige Leute in einer Ortsgemeinde ihre Schuld vor Gott, wenn sie das sechste Gebot mit Füssen treten? Erkennen bösartige Klatschmäuler, dass Gott sie bereits eines Verbrechens aus der Kategorie Mord und Hass angeklagt hat? Auch wenn wir uns an dieser Stelle wiederholen sollten, sehen wir, wie Paulus diese Mord-Hass-Sünden noch einmal zusammen aufführt, und zwar in seiner Liste über die

«Werke des Fleisches» in Galater 5,20–21. Dort erwähnt er «Feindschaft, Streit, Eifersucht, Zorn, Selbstsucht, Zwietracht, Parteiungen, Neid, Mord». Als weiteren Beweis wollen wir die Sündenliste in Römer 1,29–30 heranziehen. Dort nennt er «solche, die voll sind von aller Ungerechtigkeit, Unzucht, Schlechtigkeit, Habsucht, Bosheit; voll Neid, Mordlust, Streit, Betrug und Tücke, solche, die Gerüchte verbreiten, Verleumder, Gottesverächter, Freche ...» Diese «Sündengalerie» ist die gleiche wie in den beiden anderen Listen.

Es ist eine grosse Herausforderung, wenn wir darüber nachdenken, warum diese Sünden als die jüngeren «Geschwister» des Mordes angesehen werden müssen. Wir haben zwar keinen buchstäblichen Mord begangen, aber viele unserer Taten haben eine gewisse «Familienähnlichkeit». Alle in den Listen des Apostels erwähnten Sünden führen zum *Mord* an den zwischenmenschlichen Beziehungen unter Gläubigen und zum *Tod* der geistlichen Harmonie in der Gemeinde Jesu. Es sind Akte der Zerstörung, weil sie darauf abzielen, andere zu verletzen, ihnen zu schaden und sie zu vernichten. Nehmen wir nur die Verbreitung von Gerüchten und Verleumdungen, also gefühllose, feindselige Bemerkungen oder Geschichten, die man hinter dem Rücken der Betreffenden erzählt. Dadurch zerstört man den guten Ruf der «Opfer». Gleichzeitig wird die vom Herrn vorgeschriebene Art, mit Sünden umzugehen, mit Füssen getreten. Weiter leidet auch die Liebe derjenigen, die bösartigem Gerede zuhören, denn es gibt kaum etwas Ansteckenderes als Verleumdung. Mit Unfrieden oder Streitsucht begeht man einen klaren Mord an der Gemeinschaft unter Gläubigen und dem Dienst für den Herrn. Streitsucht führt schnell zu Zorn, dessen wörtliche Bedeutung im Griechischen *schweres Atmen* lautet. Hier geht es um einen animalischen Gefühlsausbruch, der einhergeht mit Aufruhr und Zerstörung, oft vollkommen unkontrolliert und ohne Rücksicht auf die tödlichen Folgen oder den Schaden, den man damit anrichtet. Wo sonst kann man eine solche Sünde einordnen als unter dem Begriff «Mord»? Wenn wir wieder einmal jemandem begegnen, der den Frieden, die Harmonie und das Zeugnis einer christlichen Gemeinde oder Gruppe zerstört, dann wissen wir, dass ein solcher Mensch Sünden aus der Kategorie des Mordes und Hasses begeht.

Wenn wir uns einer christlichen Gemeinde anschliessen, dann gehen wir eine verpflichtende Beziehung zu unseren Geschwistern im Herrn ein. Wir geben Gott ein feierliches Versprechen (oder zumindest sollten wir das tun), dass wir alle unsere Probleme, Beschwerden und Sünden auf dem biblischen Weg, aber auch im Geist der Demut und des Strebens nach Verbesserung lösen. Aber manche Gläubige lassen diese Massstäbe und ihre feierlichen Versprechen ausser Acht, wie es ihnen passt. Vielleicht hat man ihnen Unrecht getan, oder aber sie haben mit jemandem in der Gemeinde eine Meinungsverschiedenheit, aber aus Stolz wollen sie nicht den biblischen Weg gehen, um eine Lösung zu finden. Stattdessen verbreiten sie Gerüchte oder verhalten sich sogar offen feindselig. Infolgedessen erleiden andere Menschen Schaden, zwischenmenschliche Beziehungen zerbrechen und Gott wird am Wirken gehindert, weil Sein Geist betrübt ist. In einem solchen Fall handelt es sich vielleicht um Rachsucht auf ziemlich niedrigem Niveau, aber trotzdem ist es eine Sünde aus der Kategorie «Mord und Hass».

Neidgefühle und andere «Mord-Sünden»

Paulus erwähnt auch «Neid, Feindschaft, Eifersucht, Parteiungen» und ein Verhalten, das er als «boshaft» bezeichnet. Wieso gehören solche Verhaltensweisen auch in die Familie der Mordsünden? «Neid» und «Eifersucht» sind Wiedergaben zweier griechischer Wörter. Das eine bedeutet «mit starken Gefühlen der Eifersucht und des Begehrens brennen oder kochen», das andere «jemanden schwächen, ruinieren oder seines Besitzes berauben», offenbar aus Boshaftigkeit und Feindseligkeit. Wenn ich neidisch bin, kann ich den Gedanken nicht ertragen, dass jemand anderer etwas besitzt, eine Position oder eine Gelegenheit hat, die ich nicht bekommen kann. Ich will unbedingt an der Stelle dieses anderen sein. Gleichzeitig verachte ich vielleicht die Person, die in meinen Augen die für mich unerreichbaren Vorteile hat. Solche Gefühle zerstören jeden Respekt, jede Zuneigung und Loyalität, die ich gegenüber dieser anderen Person vielleicht empfinde. Meine Gehässigkeit und Feindseligkeit bringen mich vielleicht sogar dazu, dem Betreffenden zu schaden oder ihn für etwas zu bestrafen, wofür er nichts kann («Mord auf der zwischenmenschlichen Ebene»). Die vorher erwähnten Sünden der Verleumdung und der Verbreitung von Gerüchten sind oft eine Folge von grundloser Eifersucht.

Aus Eifersucht und Wut hatte Kain seinen Bruder Abel bereits im Herzen «ermordet», bevor er die Tat beging, weil das Opfer von Abel angenommen und seines abgelehnt worden war.

«Aufgeblasenheit» äussert sich in Überheblichkeit, Stolz oder Selbstherrlichkeit. Andere Menschen zählen nichts, man hat keinen Respekt vor ihnen. «Aufgeblasenheit» hat ein zerstörerisches, mörderisches Element, weil überhebliche Menschen nur für sich selbst und nicht für andere Zeit investieren. Auch ihr Respekt gilt nur ihnen selbst. Sie haben häufig kein Interesse an der Gemeinschaft mit anderen Christen, es sei denn, sie finden dort eine Plattform, um ihre eigene Überlegenheit zu zeigen. Demut im Dienst für den Herrn ist ihnen fremd, weil sie von ihrem überheblichen Herzen schon lange «ermordet» worden ist.

Mit dem Wort «boshaft» wird die Verachtung noch einen Schritt weiter geführt. Ein boshafter Mensch verachtet andere nicht nur, sondern beleidigt und verletzt sie. Wir wissen auch, dass jemand, der eingebildet und überzeugt von seinen eigenen Ideen ist, sich schnell mit einem Kreis von Gleichgesinnten oder Bewunderern umgibt und eine Clique oder Partei bildet.

Das ist gemeint, wenn Paulus von «Parteiungen» spricht. Hier zeigt sich deutlich ein gewisser «Parteigeist». Auch wenn solche Christen das Gegenteil behaupten, fehlt ihnen in Wirklichkeit die Unterordnung unter das Wort Gottes. Sie entscheiden selbst, was ihnen passt, und sind fest entschlossen, ihren Willen durchzusetzen. Wenn sie diesen Weg beschreiten, «ermorden» und zerstören sie jeden, der sich ihnen widersetzt. Dabei fügen sie anderen Menschen, ganzen Gemeinden und sogar der Ehre Christi schweren Schaden zu.

Die Zunge, eine Mordwaffe

Einen weiteren Beweis, dass alle diese Vergehen zur Familie der Mordsünden gehören, finden wir im Brief des Jakobus. Darin sagt er uns sehr deutlich, dass das neiderfüllte Herz und die feindselige Zunge tödliches Gift enthalten und unter Gläubigen Kriege verursachen können, in denen sie sich gegenseitig «umbringen». Jakobus spricht hier nicht vom buchstäblichen Mord, sondern er erkennt wie Paulus andere Formen von Mord. In Jakobus 3,8–9 und 14 lesen wir: «... die Zunge aber kann kein Mensch bezwingen, das unbändige Übel voll tödlichen Giftes! Mit ihr loben wir Gott, den Vater, und mit ihr verfluchen wir die Menschen, die nach dem Bild Gottes gemacht sind ... Wenn ihr aber bitteren Neid und Selbstsucht in euren Herzen habt, so rühmt euch nicht und lügt nicht gegen die Wahrheit!»

In Kapitel 4 greift Jakobus das Thema wieder auf. «Woher kommen die Kämpfe und die Streitigkeiten unter euch? Kommen sie nicht von den Lüsten, die in euren Gliedern streiten? Ihr seid begehrlich und habt es nicht, ihr mordet und neidet und könnt es doch nicht erlangen; ihr streitet und kämpft, doch ihr habt es nicht, weil ihr nicht bittet» (Jak. 4,1–2).

Es ist offensichtlich, dass die von Jakobus angesprochenen Gemeindeglieder sich nicht gegenseitig umgebracht haben, aber in ihren Herzen und mit ihren Zungen Morde begangen haben. Deshalb geht Jakobus aufs Ganze und klagt sie des moralischen Mordes an.

Wir fassen noch einmal zusammen: Jeder Bruch einer zwischenmenschlichen Beziehung (ohne legitimen, biblischen Grund) ist eine Art Mord. Jeder, der bei einem anderen das Wohlergehen oder den guten Ruf zerstört, dieser Person aus Hass vorsätzlich Schmerz zufügt, ist ein Mörder. Wenn man andere Menschen ablehnt und sie als nutzlos ansieht, wenn man ihr Glück, ihre Freiheit, ihren Frieden und Lebenssinn mit Füssen tritt, begeht man einen moralischen Mord an ihnen.

Jakobus erklärt das alles mit dem Bild von Krieg und Frieden. Menschliches Verhalten ist entweder geprägt von Krieg, Feindseligkeit, Kämpfen und Töten (den Sünden in der Kategorie «Mord und Hass»), oder aber von Frieden und Freundlichkeit. Deshalb sagt er: «Die Weisheit von oben aber ist erstens rein, sodann friedfertig, gütig; sie lässt sich etwas sagen, ist voll Barmherzigkeit und guter Früchte, unparteiisch und frei von Heuchelei. Die Frucht der Gerechtigkeit aber wird in Frieden denen gesät, die Frieden stiften» (Jak. 3,17–18).

Mord an der Seele

Es gibt eine weitere Form von Mord, die sogar noch schrecklicher ist als alles bisher Erwähnte. Dennoch könnten hier auch wahre Gläubige schuldig werden. Der schlimmste Akt der Grausamkeit ist das Kapitalverbrechen des *geistlichen* Mordes. In der Bibel wird geistlicher Mord bereits in der ersten Aussage über die Todesstrafe mit einbezogen: «Wer Menschenblut vergiesst, dessen Blut soll auch durch Menschen vergossen werden; denn im Bild Gottes hat Er den Menschen gemacht» (1. Mose 9,6). Anders ausgedrückt ist der Mensch etwas Besonderes, weil er eine Seele hat und dadurch über den Tieren steht. Aus diesem Grund ist ein Menschenleben heilig. Wegen seiner ewigen Seele hat der Tod eines Menschen auch ewige Auswirkungen. Mit dem Tod wird die Zeit der Bewährung auf Erden sofort beendet, und es fällt eine unwiderrufliche Entscheidung über die ewige Zukunft der Seele. Das Verbrechen des physischen Mordes beinhaltet geistlich gesehen auch die Zerstörung einer Entscheidungsmöglichkeit. Das Gebot «du sollst nicht töten» umfasst das Ende des geistlichen Potentials genauso wie das Ende des körperlichen Lebens. Aber was geschieht, wenn wir die Seele ermorden, während der Körper am Leben bleibt?

Der Herr Jesus sprach von dieser Art des Mordes, dem Seelenmord, als Er zu den Juden sagte: «Ihr habt den Teufel zum Vater, und was euer Vater begehrt, wollt ihr tun! Der war ein Menschenmörder von Anfang an» (Joh. 8,44). Als Satan den Fall des Menschen herbeiführte, starben Adam und Eva nicht sofort, aber an dem Tag, als sie die verbotene Frucht assen, erlitten sie und die gesamte Menschheit mit ihnen einen *geistlichen* Tod. Deshalb wurde Satan bereits im Garten Eden zum Mörder. Der körperliche Tod, den sie später an sich erfuhren, war die *Auswirkung* ihrer Sünde, aber der eigentliche Akt des Mordes war die Versuchung, die zu ihrem geistlichen Fall führte (das wird auch in Röm. 5,12 deutlich).

Geistlicher Mord wird im Prinzip auch dann begangen, wenn Menschen der Weg zur göttlichen Wahrheit abgeschnitten wird oder wenn zerstörerische Irrlehren verbreitet werden. Unser Herr und Erlöser verurteilte die jüdischen Gelehrten, weil sie den Schlüssel der Erkenntnis weggenommen hatten. Deshalb sagte Er zu ihnen: «Wehe euch Gesetzesgelehrten, denn ihr habt den Schlüssel der Erkenntnis weggenommen! Ihr selbst seid nicht hineingegangen, und die, welche hineingehen wollten, habt ihr daran gehindert!» (Luk. 11,52).

Mit den wohl schärfsten Worten in der Bibel warnte der Herr davor, Kindern und jungen Menschen den Weg zu Gott zu versperren. Er sagte zu Seinen Jüngern: «Es ist unvermeidlich, dass Anstösse [zur Sünde] kommen; wehe aber dem, durch welchen sie kommen! Es wäre für ihn besser, wenn ein grosser Mühlstein um seinen Hals gelegt und er ins Meer geworfen würde, als dass er einem dieser Kleinen einen Anstoss [zur Sünde] gibt» (Luk. 17,1–2). Menschen werden für derartige Sünden zur Verantwortung gezogen werden, vor allem dann, wenn sie anderen die Gelegenheit verweigern, zu Gott zu kommen oder beim Mord an Seelen zu Komplizen geworden sind. Alle militanten Atheisten werden sich vor Gott für diese Sünde verantworten müssen. Aber auch die Schriftgelehrten und Pharisäer werden an diesem schrecklichen Tag des Gerichts neben ihnen stehen, gemeinsam mit Würdenträgern der Kirchen und den arroganten Vertretern der liberalen Theologie. Jeder Autor eines Buches, das in geistlicher Hinsicht tödliches Gift enthält, wird bestraft werden für dieses Verbrechen, nämlich den Mord an ewigen Seelen.

Sind Christen etwa Mörder?

Aber wie steht es um uns? Können auch gläubige Christen dieses schreckliche Verbrechen begehen? Natürlich können auch wir zu geistlichen Mördern werden, wenn wir uns weigern, sterbende Seelen zu retten. Bestimmt hatte der Apostel Paulus an so etwas gedacht, als er ausrief: «… wehe mir, wenn ich das Evangelium nicht verkündigen würde!» (1. Kor. 9,16). Der gleiche Gedanke steckt hinter den in Apostelgeschichte 20,26–27 niedergeschriebenen Worten des Paulus: «Darum bezeuge ich euch am heutigen Tag, dass ich rein bin vom Blut aller. Denn ich habe nichts verschwiegen, sondern habe euch den ganzen Ratschluss Gottes verkündigt.»

Schweigen wir aus Feigheit, wenn wir dazu aufgefordert sind, unserer Familie, Freunden und Bekannten vom Herrn und dem Weg zur Erlösung zu erzählen? Sind wir kalt und gleichgültig, wenn es um Evangelisation in unseren Gemeinden geht? Sind Prediger und Pastoren schlechte Vorbilder beim persönlichen Zeugnis, bei der missionarischen Nachbarschaftsarbeit und in der Sonntagsschule? Was ist mit bibelorientierten Gemeinden, wenn sie die Sonntagsschularbeit ganz einstellen oder kaum fördern? Was tun wir mit dem göttlichen Licht, das wir empfangen haben?

Oder wie ist es mit unserem Verhalten am Arbeitsplatz, in der Schule oder im Studium? Wird unser Zeugnis unglaubwürdig, wenn wir ein lockeres Mundwerk haben oder unsere schlechte Laune an anderen auslassen? Schockieren wir unsere Kinder zu Hause mit Heuchelei und unchristlichem Verhalten? Versperren wir Erwachsenen und Kindern in unserem Umfeld den Weg zu Gott? Gott bewahre uns vor einer unrühmlichen Rolle in der Tragödie des geistlichen Mordes! Aus menschlicher Sicht gehen Seelen aus vielerlei Gründen verloren. Manche «verhungern» am Evangelium, weil sie von Christen aus ihrer Nachbarschaft, am Arbeitsplatz oder sogar in einer christlichen Gemeinde keine geistliche Nahrung bekommen haben. Manche «ersticken» buchstäblich, weil Menschen, die mit Gott leben, kein Mitleid mit ihnen haben. Manche gehen zugrunde am Gift des Irrtums, obwohl Gläubige in ihrem Umfeld sie auf den rechten Weg zurückführen könnten. Wieder andere werden von Verwirrung und Zweifeln geplagt, weil bekennende Christen, vielleicht sogar christliche Eltern, ihren Glauben nicht konsequent ausleben.

«Denn das Wort Gottes ist lebendig und wirksam und schärfer als jedes zweischneidige Schwert, und es dringt durch, bis es scheidet sowohl Seele als auch Geist, sowohl Mark als auch Bein, und es ist ein Richter der Gedanken und Gesinnungen des Herzens» (Hebr. 4,12). Das sechste Gebot ist für uns alle ein Gradmesser und eine Herausforderung, ob wir nun zu den Kindern dieser Welt oder zu den Kindern Gottes gehören. Wir alle sind in gewisser Weise «Mörder» und brauchen deshalb die Liebe und Vergebung Gottes, aber auch die Kraft Seines Geistes, damit wir ein reines und gottgemässes Leben führen können.

Das Gegenteil von Mord

Selbstlosigkeit, Warmherzigkeit, Respekt, Hilfsbereitschaft, der Wunsch, anderen Mut zu machen und Mitgefühl – das alles zusammengenommen ist das Gegenteil von Mord. Diese Eigenschaften können sich nicht entfalten, wenn wir nicht ernsthaft den Kampf gegen ihre gegenteiligen Sünden aufnehmen, wenn wir uns nicht regelmässig selbst in Frage stellen, unsere Sünden bereuen und uns bemühen, sie nicht wieder zu tun. Für uns ist es hilfreich, wenn wir diese Sünden hassen und ihre zerstörerischen, mörderischen Eigenschaften erkennen. Es hilft uns auch, wenn wir häufig für unsere Mitmenschen beten, weil dadurch nicht nur der göttliche Segen in deren Leben kommen kann, sondern auch unsere Einstellung ihnen gegenüber durch die Fürbitte geprägt wird. Dann wird es uns leichter fallen, ihnen nur Gutes zu wünschen und sie nicht zu verachten. Wenn uns feindselige oder verächtliche Gedanken kommen, dann hilft es uns auch, an unsere eigenen, sündhaften und törichten Charakterzüge zu denken und daran, wie oft wir die Vergebungsbereitschaft und Langmut des Herrn und auch die unserer Mitmenschen in Anspruch genommen haben.

Die Familie der Mord- und Feindseligkeitssünden ist im gefallenen Menschenherzen so tief verwurzelt, dass sie in unserem geistlichen Kampf und unserem Wachstum im Glauben einen sehr grossen Raum einnimmt. Der Sieg über diese Sünden ist entscheidend für jeden Fortschritt in unserem Glaubensleben. Dagegen sind wir auf der Verliererseite, wenn wir diese «Sündenfamilie» nicht beachten. Aber die «Kultivierung» der positiven Gegenteile, auch durch Gebet und Fürbitte, gefällt dem Herrn, gewinnt die Verlorenen, hilft uns bei allen Prüfungen und hat eine wunderbar heiligende Wirkung auf die Gemeinde Jesu und unsere Familie.

Diese positiven Gegenteile sind auf wunderbare Weise erkennbar im Wesen Gottes, weil Er die Liebe ist. Alle guten

Eigenschaften sind immer und ewig in Ihm und wurden auf herrliche Art offenbart im irdischen Leben unseres Herrn und Erlösers Jesus Christus. Das Wesentliche dieses Gebotes, sowohl die negativen als auch die positiven Seiten, wird uns in Epheser 4,31–32 so vermittelt:

«Alle Bitterkeit und Wut und Zorn und Geschrei und Lästerung sei von euch weggetan samt aller Bosheit. Seid aber gegeneinander freundlich und barmherzig und vergebt einander, gleichwie auch Gott euch vergeben hat in Christus.»

Abtreibung – eine Speerspitze des antigöttlichen Handelns

Wenn es nicht darum geht, das Leben der Mutter zu retten, ist Abtreibung ebenfalls Mord. Tragischerweise sind die meisten Leute heute so «erzogen» worden, die Abtreibung nur als «etwas Schlimmes» anzusehen. Obwohl sich der menschliche Instinkt dagegen sträubt (ausser vielleicht bei besonders hartherzigen Menschen), wollen sie nicht wahrhaben, dass es sich dabei um Mord handelt und der Embryo ein Lebewesen ist.

Als 1967 die Abtreibung in Grossbritannien legalisiert wurde, wurde im Denken der Gesellschaft «eine Schallmauer» durchbrochen. Plötzlich waren die grundlegendsten Forderungen Gottes nicht mehr unantastbar. Der Mensch wurde zu seinem eigenen Herrn und Gesetzgeber, und die radikale Umwandlung aller Wertvorstellungen wurde gesellschaftsfähig. Vielleicht mehr als jedes andere Ereignis war die Legalisierung der Abtreibung als geistiges Produkt eines extremen, militanten Atheismus der Anstoss für eine Entwicklung hin zu einer Gesellschaft, in der alles erlaubt ist und in der Gott und Seine Gesetze keinen Platz mehr haben. Aber der Herr regiert noch immer, und das Sehnen Seiner Kinder drückt sich auch in dieser Wiedergabe von Psalm 10 aus:

Du hast es wohl gesehen,
Du König hier im Land.
Steh auf und erhebe Deine Hand.
Zerbrich der Sünde Todesmacht,
und lass' wieder leuchten Deines Segens Pracht.

Für eine weitere Auseinandersetzung mit dem Thema «Abtreibung» empfehlen wir folgendes Buch:

Shaver Jessica
Gianna
– ein Mädchen überlebt seine Abtreibung
(SV) Pb., 128 Seiten
Best.-Nr. 818051
ISBN 3-85666-051-8

Kapitel 7

Das siebte Gebot
«Du sollst nicht ehebrechen!»

Ein Schutz vor Unheil

«Unzucht aber und alle Unreinheit oder Habsucht soll nicht einmal bei euch erwähnt werden, wie es Heiligen geziemt.»
(Eph. 5,3)

Das Gebot «Du sollst nicht ehebrechen» ist natürlich ein absolutes Verbot der körperlichen Unreinheit in allen ihren Schattierungen, und in seinem wörtlichen Sinn ist es für alle Menschen bindend. Es verkündet das göttliche Urteil über alle Arten von unzulässiger sexueller Erregung und Masslosigkeit. Dazu gehören auch Pornografie und obszöne Redensarten. Auch sexuelle Zügellosigkeit wird von diesem heiligen Gebot streng verurteilt, genauso wie homosexuelle Handlungen zur sexuellen Befriedigung, gedanklicher Ehebruch und Unanständigkeit. Auch die Herausgeber von Zeitschriften für Teenager erwartet ein schreckliches Urteil, wenn sie am Ende ihres Lebens ohne Sündenvergebung und Bekehrung vor Gott stehen. Sie laden eine grosse Schuld auf sich, indem sie ihre jugendlichen Leser zu sexuellen Abenteuern anspornen und dadurch die moralischen Wertvorstellungen untergraben und das wahre Glück von Millionen junger Menschen zerstören. Gleiches gilt für die Produzenten von Fernsehserien, in denen die sexuelle Freizügigkeit von Jugendlichen verherrlicht wird. Das siebte Gebot wird aber auch Behörden, Regierungsmitgliedern und Lehrern zum Verhängnis, wenn diese Instanzen Schulkinder glauben machen, dass sexueller Genuss ihr gutes Recht ist, solange sie Massnahmen zur Empfängnisverhütung ergreifen. Wenn man die Gebote Gottes mit Füssen tritt, sie voller Arroganz gegen verderbenbringende Ideen austauscht und diese an andere weitergibt, erhebt man trotzig die Faust gegen den Herrn und hat dafür eine ewige Strafe zu erwarten.

Die Verwendung des Begriffs Ehebruch in der Bibel lässt zwei Bedeutungsschwerpunkte erkennen: Unreinheit und Untreue. Vielen Christen ist nicht bewusst, dass Ehebruch sozusagen der Oberbegriff einer ganzen Sündenkategorie ist. Dazu gehören auch andere Formen der Untreue wie Verrat oder Treulosigkeit gegen jede besondere Beziehung, bei der wir von der Bibel her zur Treue verpflichtet sind. Das gilt besonders für unsere Beziehung zum Herrn. In der ersten Hälfte dieses Kapitels werden wir uns mit ehelicher Untreue befassen und damit, wie man sie vermeidet, während wir uns in der zweiten Hälfte auf die Untreue gegenüber Mitchristen oder Freunden und auch geistlichen Ehebruch konzentrieren werden.

Für gläubige Menschen bietet der Aspekt der «Treue» in diesem Gebot einen Schutz, weil wir dadurch vor Leid bewahrt werden können, aber auch davor, unschätzbare Gelegenheiten nicht zu nutzen, wichtige Freunde zu verlieren oder vor der Versuchung, den Ort oder die Gemeinde zu verlassen, in die Gott uns hingestellt hat. Es ist von immenser Bedeutung, diese Regel für unser Glaubensleben positiv zu «nutzen», denn sie soll uns bei besonderen Verbindungen oder Beziehungen eine bleibende Sicherheit geben. Die Ehe ist dafür ein gutes Beispiel, aber vor allem anderen bleiben wir dadurch dem Herrn treu, halten Abstand vom Geist dieser Welt und von Bündnissen mit denjenigen, die sich nicht zur gleichen Liebe Ihm gegenüber verpflichtet haben.

Kein Gebot ist eine willkürliche, despotische Forderung Gottes, die Er aus uns unerklärlichen Gründen ausspricht. Wenn Gott den Ehebruch verbietet, können wir sicher sein, dass es dafür eine Menge wichtiger Gründe gibt. Vor allem ist unendliche Reinheit und Treue untrennbar verbunden mit dem herrlichen Wesen Gottes.

Ehebruch, der Verzicht auf die Menschlichkeit

Der Text in Sprüche 6,23–32 hilft uns bei der Betrachtung der Gründe, die hinter diesem Gebot liegen. «Denn das Gebot ist eine Leuchte und das Gesetz ist ein Licht», sagt Salomo. «… wer aber mit einer Frau Ehebruch begeht, ist ein herzloser Mensch; er richtet seine eigene Seele zugrunde, wenn er so etwas tut.» Dem Ehebrecher sind die besonderen Merkmale der menschlichen Natur gleichgültig. Bei körperlichem Ehebruch begeben sich Menschen auf die Stufe von Tieren, weil sie ihren Trieben nachgeben. Ein grundlegender Unterschied zwischen Menschen und Tieren ist die Gabe der Vernunft und die Fähigkeit, moralische Entscheidungen zu treffen. Dadurch ist in persönlichen, intimen Beziehungen Selbstkontrolle möglich. Bei Ehebruch verzichtet man auf diese nur dem Menschen eigenen Fähigkeiten, und man lebt nur noch für tierische Triebe und Instinkte. Man verachtet und verletzt die Würde und den Wert eines Menschen.

Ist es denn schwierig, körperlichen Ehebruch zu vermeiden? Nein, sagt die Bibel, weil es sich um eine leicht zu vermeidende und absolut unvernünftige Sünde handelt, besonders bei Menschen, die an Christus glauben. Dabei verdrängt man auch das Verantwortungsgefühl und die moralische Stärke, die vielleicht sogar Weltmenschen besitzen. Deshalb formuliert Paulus seine Ermahnung in Epheser 5,3 auch so hart, wenn er sagt: «Unzucht aber und alle Unreinheit oder Habsucht soll nicht einmal bei euch erwähnt werden, wie es Heiligen geziemt.» Ehebruch ist nie ein plötzlicher Fall in Sünde, sondern die Folge einer Entwicklung, bei der man scheinbar harmlose, aber dennoch falsche Gedanken und unreine Begierden zulässt.

Selbstzerstörung durch Ehebruch

Die bereits zitierten Worte von König Salomo warnen uns davor, dass der Ehebrecher sich selbst zerstört. Ehebruch hat nicht nur eine zerstörerische Wirkung auf die Betrogene oder den Betrogenen (oder aber die Familie), sondern auch auf den Ehebrecher selbst. Unser Herr und Erlöser warnte in Matthäus 12,39–45 davor, dass Ehebruch den moralischen Zusammenbruch des Betreffenden zur Folge hat, weil die Untreue eine selbstzerstörerische Kraft ist. Er sagte: «Ein böses und ehebrecherisches Geschlecht begehrt ein Zeichen.» Die Worte «ehebrecherisches Geschlecht» sind der Schlüssel zu dem, was dann folgt. Weiter sagte der Herr: «Wenn aber der unreine Geist von dem Menschen ausgefahren ist, so durchzieht er wasserlose Stätten und sucht Ruhe und findet sie nicht. Dann spricht er: Ich will in mein Haus zurückkehren, aus dem ich gegangen bin. Und wenn er kommt, findet er es leer, gesäubert und geschmückt. Dann geht er hin und nimmt sieben andere Geister mit sich, die bösartiger sind als er; und sie ziehen ein und wohnen dort, und es wird zuletzt mit diesem Menschen schlimmer als zuerst.» In dieser bildhaften Darstellung öffnet der unreine, der ehebrecherische, untreue Geist die Tür zu einem gewaltigen Wertezerfall und einem raschen Abstieg zu vielen anderen Sünden.

Die vielen Sünden, die zur Unzucht gehören, beginnen mit der Missachtung des Mitmenschen und dem Verrat an einer besonderen Beziehung und des Vertrauens, das auf einem Gelöbnis aufbaut. Andere Sünden sind zum Beispiel vorsätzliche sexuelle Untreue, Selbstsucht, Grausamkeit und Hinterlist. Wie wahr ist der alte Ausspruch, dass man zwar ein Lügner sein kann, ohne ein Ehebrecher zu sein, aber nicht ein Ehebrecher, ohne auch ein Lügner zu sein. Nicht umsonst sprechen sich die Gerichtstexte der Bibel so deutlich gegen den Ehebruch aus. So schreibt der Apostel Paulus: «Weder Unzüchtige … noch Ehebrecher … werden das Reich Gottes ererben.» Petrus drückt es so aus: «… so weiss der Herr … die Ungerechten aber zur Bestrafung aufzubewahren für den Tag des Gerichts. Das gilt besonders für die, welche in unreiner Lust dem Fleisch nachlaufen und die Herrschergewalt (die Autorität Gottes) verachten» (2. Petr. 2,9–10). Natürlich wird Gott jede Art von Sünde richten, aber manche Sünden wirken wie Magnete, die eine Vielzahl anderer Sünden anziehen und deshalb zu einer besonders strengen Bestrafung führen. Der Ehebruch gehört in diese Kategorie, denn «Hurer und Ehebrecher wird Gott richten». Gleiches gilt für alle Formen sexueller Masslosigkeit, ob in Gedanken oder in der Tat, weil sie alle sowohl den Charakter als auch das geistliche Leben zerstören.

Offenbar schrecken wir am meisten vor jeder Versuchung zur Untreue oder sexuellen Gedanken oder Handlungen zurück, wenn wir eine genaue Vorstellung von ihrer Widerwärtigkeit haben. Wir müssen unseren Verstand mit einer entschiedenen Abneigung vor solchen Sünden wappnen. In diesem Sinne ist das Gebot eine «Leuchte», weil es die Gründe für das darin enthaltene Verbot offenbar macht. Es ist auch eine Leuchte, die den Reisenden bei Nacht auf dem Weg bleiben lässt und ihn daran hindert, sich auf gefährliches Gebiet vorzuwagen.

Vorbeugende Gegenmittel gegen Ehebruch

Verwenden wir zur Veranschaulichung ein anderes Bild, dann ist dieses Gebot eine Art Sicherheitszaun oder Grenze, die unter keinen Umständen überschritten werden darf. Bei jedem Eheproblem oder Streit mit unserem Ehepartner gibt es einen Punkt, an dem wir nicht weitergehen dürfen. Das verbotene Gebiet beginnt bereits dort, wo das gefallene Herz gegen einen gottgegebenen Bund aufbegehrt, vielleicht diese Beziehung zutiefst bedauert und sich etwas anderes wünscht. Sollten wir uns diesem «Niemandsland» nähern und der Teufel uns schändliche Gedanken einflüstern, finden wir uns plötzlich vor einem hohen Zaun, auf dem diese Worte stehen: «Du sollst noch nicht einmal an Untreue denken!» Wenn die Schwachheit des Fleisches mit seiner Selbstsucht, Rücksichtslosigkeit und Bösartigkeit bei Eheleuten zu Beziehungsproblemen führt, dann werden sie durch diesen Grenzzaun vor dem Schlimmsten bewahrt, vorausgesetzt, sie fürchten Gott und respektieren Seine Gebote. Nur ein Narr wird in seinem Trotz diese Barriere überschreiten und weitergehen. Dann können verbotene Gedanken wie Fäulnis in die ausgeklügelte Maschinerie der Treue eindringen und dort Feindseligkeit, Bitterkeit oder Selbstmitleid auslösen. Die Grundlage aller Loyalität und Treue ist Respekt, ein Gefühl der Wertschätzung und sogar der Furcht gegenüber diesem Zaun, der die Weiterentwicklung schlechter Gedanken eingrenzt und Probleme nicht ausser Kontrolle geraten lässt. Gott hat uns diesen Grenzzaun zu unserem Schutz gegeben. Wenn wir ihn übertreten, geschieht das nur aus Überheblichkeit und sexueller Begierde heraus.

Wir müssen immer fest entschlossen sein, ein Aufbegehren gegen die kostbare, von Gott geweihte, verordnete, versiegelte und geheiligte Beziehung schon in den ersten Anfängen zu ersticken. Ehepaare müssen eine Furcht entwickeln vor der Sünde des Missbrauchs gegen den Schutz und Halt gebenden Grenzzaun Gottes, weil sie zusammengehören. Sich etwas anderes zu wünschen ist einfach undenkbar. Niemand soll es wagen, dieses Niemandsland zu betreten und darüber nachzudenken, wie das Leben mit einem anderen Ehepartner wäre, oder aber Hassgefühle zu pflegen. Wenn man die besondere Beziehung der Ehe auch nur in Gedanken in Frage stellt, begeht man bereits Verrat und «Ehebruch». Ehebruch beginnt, sobald man die von Gott gesetzte Grenze anzweifelt und verachtet. Wieder einmal fallen uns dazu die Worte des Apostels Paulus ein: «Unzucht aber und alle Unreinheit … soll nicht einmal bei euch erwähnt werden.» Wie können Ehepaare den Versuchungen zur Untreue aus dem Weg gehen? Erstens, indem wir einander lieben. Zweitens, indem wir Gott füreinander danken und täglich füreinander beten. Drittens dürfen wir niemals die Grenze des siebten Gebotes überschreiten, auch nicht, um sich vorzustellen, dass es uns ohne den Partner viel besser ginge. Gedanken der Feindseligkeit oder des Selbstmitleids müssen sofort aus dem Kopf verbannt werden. An ihre Stelle sollen Gedanken der Wertschätzung und positive Erinnerungen treten.

Viertens dürfen wir uns nicht selbst schwächen, indem wir in anderen Lebensbereichen den Begierden des Fleisches nachgeben und uns verwöhnen und verzärteln. Vielleicht führt ein Ehepaar eine sehr gute Ehe, ohne jede Gefahr, einander untreu zu werden, aber die beiden lassen jede Form des Lebensgenusses zu, ohne den Versuch, ein wenig Selbstkontrolle auszuüben. Sie verwöhnen sich mit allem, was die Unterhaltungsindustrie zu bieten hat, mit kulinarischen und anderen Genüssen, mit schicker Kleidung oder Gegenständen. Manche Menschen gehen damit so weit, dass sie unbedingt jeder Laune nachgeben und jedes Bedürfnis befriedigen müssen. Ein solches Verhalten ist vielleicht nicht unmoralisch. Aber übertriebene Genusssucht ist immer ein Nachgeben gegenüber Satan und dem Fleisch und führt letzten Endes zu einer Schwächung des Charakters. Dann dauert es nicht lange, und der Versucher geht vielleicht zu ehelicher Untreue über. Er wird ganz allmählich kleinere Disharmonien zu grösseren Versuchungen ausbauen. Ein geschwächter Mensch ist immer am leichtesten angreifbar.

Manche Christen sitzen stundenlang vor dem Fernseher, gönnen sich teure Urlaubsreisen und kaufen sich jedes Konsumgut, das ihnen gefällt. Aber damit halten sie dem Feind ihrer Seelen buchstäblich die Kehle hin, und es dauert nicht lange, bis er sie nach seiner Pfeife tanzen lässt. Sobald die «Muskeln» der Selbstverleugnung von mangelndem Gebrauch verkümmert sind, macht Satan mit seinem Opfer, was er will. Wenn es um die Verführung zum Ehebruch geht, wird er einen gläubigen Menschen fast mühelos zuerst in das «Niemandsland» der gedanklichen Untreue hineinzerren, von dort auf das Territorium der sinnlichen Begierde und schliesslich in das verbotene Land der fleischlichen Sünde.

Manche Christen sind so töricht (und von Sünde getrieben), dass sie bewundernde Blicke auf das andere Geschlecht (oder auf Bilder) werfen, emotionale und sexuelle Erregung zulassen und in Gedanken bereits die Sünden der Unzucht oder des Ehebruchs begehen. Nur zu gut bekannt sind die warnenden Worte unseres Erlösers: «Wer eine Frau ansieht, um sie zu begehren, der hat in seinem Herzen schon Ehebruch mit ihr begangen» (Matth. 5,28). «Denn das ist der Wille Gottes», sagt der Apostel Paulus, «eure Heiligung, dass ihr euch der Unzucht enthaltet; dass es jeder von euch versteht, sein eigenes Gefäss in Heiligung und Ehrbarkeit in Besitz zu nehmen, nicht mit leidenschaftlicher Begierde wie die Heiden, die Gott nicht kennen» (1. Thess. 4,3–5).

In einer Ehe muss die Liebe am Leben erhalten werden, aber manche Männer verstehen es einfach nicht, die Liebe zu ihrer Frau auszudrücken. In der Bibel gehören zur ehelichen Liebe Ehre, Wertschätzung, Respekt, Sanftmut, Höflichkeit und Warmherzigkeit. Diese Eigenschaften sollten gepflegt, wie ein Schatz gehütet und vertieft werden.

Loyalität gegenüber Gleichgesinnten

Wie bereits erwähnt, ist Ehebruch die massgebliche Sünde in einer ganzen «Familie» von Taten und Haltungen der Untreue. Jetzt wenden wir uns dem Thema der Gemeinschaft unter gläubigen Menschen zu, um festzustellen, wie das siebte Gebot enge und von Gott gesegnete Verbindungen bewahrt. Natürlich verbinden uns mit unseren geistlichen Geschwistern nicht dieselben, absoluten und untrennbaren Verpflichtungen, die uns mit dem Herrn und Seinem Wort oder in der Ehe vereinen; dennoch sind wir auch von der Bibel her zu einer gewissen Loyalität untereinander verpflichtet. Welche Hilfe gibt uns das siebte Gebot für die Pflege unserer Freundschaften und auch für unsere Zusammenarbeit in den unterschiedlichen Aufgabenbereichen der christlichen Gemeinde? Was ist, wenn Schwierigkeiten entstehen und es zu Reibereien kommt? Was ist, wenn Stress und Arbeitsbelastungen zu Missverständnissen und unwürdigen Streitereien oder Missstimmung führen? Wie können wir uns davor schützen, dass Probleme ausser Kontrolle geraten und es zur Entfremdung kommt – mit dem damit verbundenen geistlichen Schaden?

In allen diesen Fällen sind wir verpflichtet, uns gegenseitig zu respektieren und auch loyal zu sein, wenn es um unsere Gemeindezugehörigkeit geht oder um jede andere Freundschaft, die Gott uns in Seiner Gnade gegeben hat. Ausnahmen sind natürlich ernste Probleme wie nicht bereute Sünden oder ein Verstoss gegen die gesunde Lehre. Das siebte Gebot soll sich wie eine hohe Mauer um jede Freundschaft oder Beziehung zwischen Christen legen. Auf dieser Mauer sollten die Worte stehen: «Du sollst deiner geistlichen Familie, deinen Freunden und Mitstreitern im Herrn, nicht untreu sein.» Wenn es dann zu Schwierigkeiten kommt, sagen wir uns: «So weit, aber keinen Schritt weiter!»

Satan will uns vielleicht einflüstern: «Ohne den oder die wärst du viel besser dran! Beachte ihn gar nicht! Ärgere dich über sie! Verachte ihn! Geh ihr aus dem Weg! Sag etwas gegen ihn! Übersehe sie einfach! Erzähle anderen von seinen Schwächen und Fehlern! Bring sie aus der Fassung! Locke ihn aus der Reserve! Such dir neue Freunde! Such dir einen neuen Kreis!» Unter dem Einfluss des im siebten Gebot vermittelten Prinzips werden wir solche Gedanken dorthin verweisen, wo sie hingehören. Es handelt sich nämlich um Appelle Satans an unser noch vorhandenes sündhaftes Wesen. Dann werden wir Gott bitten, unsere Herzen und Sinne zu «verbarrikadieren» und uns von törichter Sünde zu bewahren.

Wenn ein bekennender Christ ohne nachvollziehbaren Grund seiner Ortsgemeinde gegenüber untreu ist (vorausgesetzt, dass die Gemeinde eine gesunde Lehre vertritt und danach strebt, dem Herrn zu gehorchen), verrät er eine ernste und besondere, von Gott verordnete Beziehung. Eine Person, die an der versammelten Gemeinde Christi herumkritisiert, gegen sie intrigiert oder ihre Arbeit behindert, macht sich in den Augen Gottes der Untreue gegenüber der gesamten Gemeinde Christi schuldig. Treue ist eine sehr kostbare und beschützende Eigenschaft, die direkt aus dem Herzen unseres treuen, geduldigen und Seine Bündnisse haltenden Gottes kommt. Treue hält uns auf dem Weg des Segens, macht uns zu immer nützlicheren Werkzeugen Gottes und bringt uns unermessliche Freude – in der Ehe, in unseren Freundschaften oder im Dienst an der Gemeinde Jesu. Besonders bei der Zusammenarbeit unter Christen ist eine unerschütterliche, gegenseitige Treue eine wichtige Grundvoraussetzung.

Loyalität kann man pflegen

Als Paulus die Euodia und Syntyche ermahnte, eines Sinnes zu sein im Herrn, war es nicht überraschend, dass auf diese Ermahnung die Worte folgten: «Eure Sanftmut lasst alle Menschen erfahren!» (Phil. 4,5). Das mit «Sanftmut» (in anderen Bibelausgaben mit «Güte») übersetzte griechische Wort könnte auch als Kombination aus den folgenden guten Eigenschaften gesehen werden: Nachsicht, Hingabe, Herzlichkeit, Freundlichkeit, Sanftmut, liebenswürdige Besonnenheit, Rücksichtnahme, Hilfsbereitschaft, Milde, Grossmut und Grosszügigkeit. Ein weiterer, treffender Übersetzungsvorschlag wäre der Begriff «Grossherzigkeit». Das ist sowohl die vorbeugende als auch die heilende «Medizin», die Feindseligkeit und Argwohn unter Freunden begrenzt und auslöscht. Aber wenn dieses vorbeugende Mittel versagt, dann müssen wir uns absichern lassen durch den Grenzzaun, der jedes Versagen in zwischenmenschlichen Beziehungen nicht weiter ausufern lässt. Die Worte «Du sollst nicht …» müssen die negativen Neigungen gefallener Menschenherzen eindämmen. Wird unser Handeln davon bestimmt? Sind wir fest entschlossen, in allen unseren von Gott gegebenen zwischenmenschlichen Beziehungen niemals extreme Gedanken und zerstörerische Hassgefühle zuzulassen? Diese Gebote sind uns dabei eine grosse Hilfe, wenn wir sie richtig einsetzen. Es stimmt tatsächlich: «Von aller Vollkommenheit habe ich ein Ende gesehen; aber dein Gebot ist unbeschränkt» (Ps. 119,96).

Wenn der Autor dieses Buches an eine Zeit vor fast dreissig Jahren denkt (das ist so lange her, dass es nicht mehr möglich ist, die damals lebenden Personen zu identifizieren), dann kommen ihm zwei ältere Damen aus seiner Gemeinde in den Sinn. Die beiden unterschieden sich von der grossen Mehrheit der anderen Gemeindemitglieder durch ihre gute Nase für alles, was weniger als vollkommen oder perfekt war. Mit ihren messerscharfen Analysen erkannten sie (oder das meinten sie zumindest) bei jedem, besonders bei jungen Menschen, niedrige Beweggründe und Hintergedanken. Sie hatten ihre eigenen Kategorien für andere Menschen und teilten sie in «akzeptabel» und «unzuverlässig» ein. Ihrem kritischen Blick entging kaum etwas. Vergeblich versuchte man sie davon zu überzeugen, dass bei Problemen die Fürbitte das Sprachrohr der Treue ist. Weil sie bei jeder zwischenmenschlichen Problematik in der Gemeinde immer gleich das Schlimmste dachten, liessen sie sich in ihrer negativen Haltung nicht mehr korrigieren. Die Bibel bezeichnet solche Menschen als Wichtigtuer, als Eindringlinge, die sich ständig ins Leben anderer einmischen, obwohl diese beiden Damen ihre «Opfer» niemals direkt angriffen. Aber dieser Zustand ist der Endpunkt einer sündhaften und tragischen Entwicklung. Wenn negatives Denken und Misstrauen von uns Besitz ergreifen (und der Teufel wird manchmal versuchen, genau das zu bewirken), und wir dann meinen, bei anderen die Rolle des Ermittlers, des Richters und der Geschworenen spielen zu müssen, dann müssen wir diese Sünde bekennen, diesen Gedankenfluss sofort beenden und uns an unsere Pflicht der Treue anderen gegenüber erinnern. Natürlich wird es zu Fehlverhalten kommen, aber nicht in dem Ausmass, in dem es der negativ Denkende vermutet. Ein solcher Mensch wird sich schliesslich eher so verhalten wie der Drehbuchautor einer Seifenoper und nicht wie jemand, der an die verändernde Kraft und Gnade Gottes glaubt. Der Herr ist wunderbar in Seiner Treue. Deshalb haben wir das siebte Gebot, dessen positive «Gegenstücke» diese Eigenschaften sind: Treue, Grossmut, Gutes denken, sich nicht an Ungerechtigkeit freuen, alles hoffen und eine Liebe, die nie aufhört.

Wenn man in einer Gemeinde auf die oben beschriebene Art den Polizisten spielen will, ist das in der Regel äusserst unfair. Immer spielt dabei auch sündhaftes Tratschen über andere eine Rolle, selbst wenn es im Gewand frommer Besorgnis geschieht und nur in einem kleinen Kreis von Vertrauten. Wir dagegen wollen die grossen, in der Bibel niedergelegten Regeln der Gemeinschaft mit unseren Mitgläubigen wertschätzen und befolgen. Treue und Loyalität Gott und dem Ehepartner, dann auf einer anderen Ebene auch anderen Gläubigen in unserer Gemeinde und Freunden gegenüber, ist sowohl eine Pflicht als auch eine Widerspiegelung des Herzens Gottes. Deshalb müssen wir diese Eigenschaft zu Seiner Freude und Ehre bewahren und weiter entwickeln.

Was ist geistlicher Ehebruch?

Im Alten Testament wird Israel und Juda in verschiedenen Abschnitten (siehe Kasten S. 103/104) die Sünde des Ehebruchs vorgeworfen, weil sie heidnische Götzen angebetet haben. Die häufige Anwendung des siebten Gebots auf *geistlichen* Ehebruch in beiden Testamenten gibt uns die Gewissheit, dass wir diese wichtige Verbindung auch heute ziehen sollen. Abfall von der göttlichen Wahrheit wird als Ehebruch bezeichnet, weil wir dadurch unsere totale und alleinige Hingabe an den Herrn und Sein Wort aufgeben und eine Verbindung mit falschem religiösem Gedankengut oder der Weltlichkeit eingehen. Wichtig ist in diesem Zusammenhang, dass die Israeliten bei ihrem geistlichen Ehebruch in der Regel nicht die wahre Religion ganz von sich wiesen, sondern die Anbetung heidnischer Götzen nebenher einführten. Geistlicher Ehebruch heute ist ebenfalls eine Art Doppelleben, bei dem gläubige Christen sich weiterhin bibelorientiert geben und gleichzeitig der Welt dienen.

Um diese Sache noch schärfer zu beleuchten, müssen wir hervorheben, dass die Juden im Altertum die Vorteile eines nationalen Bundes mit dem allmächtigen Gott genossen. Jede Abweichung ihrerseits war ein Verrat an diesem einzigartigen und feierlich geschlossenen Bündnis. Dadurch wurde ihre geistliche Hurerei zum Ehebruch. Auch wir heute haben als Erlöste durch Christus eine Bündnisbeziehung zum Herrn. Jeder Verrat an dieser Beziehung ist ebenfalls geistlicher Ehebruch. So ist der grosse Schaden, den in Grossbritannien evangelikale Kreise während der letzten einhundert Jahre erlitten haben, direkt auf die Untreue vieler Pastoren und anderer Verantwortungsträger zurückzuführen. Sie haben viele Kinder Gottes dahingehend beeinflusst, dass es zum Kompromiss mit Irrlehrern gekommen ist. Dennoch geht die Förderung ökumenischer Allianzen und die Verbreitung von fragwürdiger Literatur weiter. Es gibt jedoch einen Grenzzaun, auf dem das siebte Gebot in der Sprache des Neuen Testaments geschrieben steht:

«Zieht nicht an einem fremden Joch mit Ungläubigen! Denn was haben Gerechtigkeit und Gesetzlosigkeit miteinander zu schaffen? Und was hat das Licht für Gemeinschaft mit der Finsternis? Wie stimmt Christus mit Belial überein? Oder was hat der Gläubige gemeinsam mit dem Ungläubigen? Wie stimmt der Tempel Gottes mit Götzenbildern überein? Denn ihr seid ein

Tempel des lebendigen Gottes, wie Gott gesagt hat: ‹Ich will in ihnen wohnen und unter ihnen wandeln und will ihr Gott sein, und sie sollen mein Volk sein›. Darum geht hinaus von ihnen und sondert euch ab, spricht der HERR, und rührt nichts Unreines an! Und ich will euch aufnehmen» (2. Kor. 6,14–17).

Wenn man sich mit den Feinden des Herrn zusammenschliesst, ist das aus der Sicht der Bibel Ehebruch oder sogar Verrat.

Alttestamentliche Beispiele für die Anwendung des siebten Gebots auf den geistlichen Ehebruch des Götzendienstes

Der Prophet Jesaja wirft dem Volk Ehebruch vor, weil es «erglüht für die Götzen unter jedem grünen Baum» (Jes. 57,3–5).

Jeremia sagt, dass das Land «Ehebruch trieb mit Stein und Holz» (Jer. 3,8–9). Er verurteilt auch den «Ehebruch» beim Verbrennen von Weihrauch für Baal (Jer. 7,9).

Er nennt sein Volk «Ehebrecher und einen treulosen Haufen», weil es nicht für die Wahrheit einsteht (Jer. 9,1–2).

Auch wenn das Volk auf Lügen vertraut, ist das Ehebruch. Der Prophet erwähnt auch «deine Ehebrüche, dein Wiehern und deine schändliche Hurerei; auf den Hügeln und im Feld habe ich deine Gräuel gesehen» (Jer. 13,25.27).

Weiter sagt der Prophet Jeremia, das Land sei voller Ehebrecher, weil sowohl Priester als auch Propheten Kompromisse eingingen, indem sie «durch Baal» weissagten und das Volk in die Irre führten (Jer. 23,10–14).

Der Prophet Hesekiel klagt auch die Nationen des Ehebruchs an. Er fügt hinzu: «... ja, mit ihren Götzen haben
sie Ehebruch getrieben» (Hes. 23,37).

Hosea erhält von Gott den Befehl, eine Ehebreche-
rin zu lieben, um dadurch die Liebe des Herrn zu den
Kindern Israel zu veranschaulichen, «... die sich anderen
Göttern zuwenden» (Hos. 3,1).

Maleachi spricht von der Gräueltat Judas, weil es sich
von der Liebe des Herrn abgewendet und «die Tochter
eines fremden Gottes geheiratet» hat (Mal. 2,11).

«Du sollst nicht ehebrechen» – diese Worte müssen auf dem
Zaun stehen, der uns trennt von dem Irrtum und Unglauben
von Irrlehren. Dazu gehören auch die Bücher von Autoren, die
Gott mit ihrem kompromissbereiten Handeln beleidigen, Bi-
belschulen, auf denen man das Wort Gottes nicht liebt und re-
spektiert oder ähnlich treulose und schädliche Verhaltensweisen. Es geht hier wirklich um ernste Fragen, so ernst, dass ihnen
ein grundlegendes Moralgebot zugeordnet wird.

Aber geistlicher Ehebruch wird auch begangen, wenn weltliche Freuden unreflektiert in das Leben oder die Anbetung
von Kindern Gottes aufgenommen werden. Der Apostel Jakobus sagt nämlich:

*«Ihr Ehebrecher und Ehebrecherinnen, wisst ihr nicht, dass
die Freundschaft mit der Welt Feindschaft gegen Gott ist? Wer
also ein Freund der Welt sein will, der macht sich zum Feind
Gottes! ... Reinigt die Hände, ihr Sünder, und heiligt eure Herzen, die ihr geteilten Herzens seid!» (Jak. 4,4.8).*

Jeder gläubige Christ, der die Dinge dieser Welt, ihre Unterhaltung, ihre Freuden und Moden, lieb gewinnt, wird auch zu
einem Ehebrecher. Er überschreitet den Grenzzaun des siebten Gebotes, um sein Vergnügen aus einer gegen Gott gerich-
teten Kultur zu ziehen. Wenn er das tut, macht er sich der geist-

lichen Untreue schuldig. Wenn wir unseren Geschmack von der Welt prägen lassen und zum Beispiel Musik und Unterhaltung verehren, die mit einer unmoralischen, sündhaften und weltlichen Lebensphilosophie verbunden sind, begeben wir uns auf den Weg zum unvermeidlichen geistlichen Ehebruch. Sehr schnell erliegen wir dann der Faszination von Dingen, die in der Bibel verurteilt werden und die vollkommen unvereinbar sind mit dem christlichen Glauben. Dann wird unser Zeugnis vor Gott zu einer Heuchelei und einer Beleidigung. Denn wie können wir verlorene Sünder aus dem Jahrmarkt der Eitelkeiten herausrufen, wenn wir selbst von dessen Freuden wie berauscht sind? Der oben zitierte Text sollte weitaus ernster genommen werden, als das der Fall ist. «Wisst ihr nicht, dass die Freundschaft mit der Welt Feindschaft gegen Gott ist?» Im Sprachgebrauch des Jakobus ist ein Ehebrecher ein Mensch, der *neben* den göttlichen Segnungen die Dinge dieser Welt ersehnt. Das grosse Gebot gegen Untreue muss für uns eine klare Linie bilden, die wir nicht übertreten wollen, eine Grenze, die unsere Treue zum Herrn erhält.

Die positiven Gegenteile des Ehebruchs sind Reinheit und Treue, und zwar im sexuellen Verhalten, in der Ehe, in anderen zwischenmenschlichen Beziehungen und auch im geistlichen Leben. Nach diesen positiven Eigenschaften wollen wir streben. Denken wir dabei an die drastischen Worte, die der Geist Gottes dem Apostel Paulus gegeben hat: «… dass es jeder von euch versteht, sein eigenes Gefäss in Heiligung und Ehrbarkeit in Besitz zu nehmen» (1. Thess. 4,4).

Kapitel 8

Das achte Gebot
«Du sollst nicht stehlen!»

Diebstahl hat viele Gesichter

«Wer gestohlen hat, der stehle nicht mehr, sondern bemühe sich vielmehr, mit den Händen etwas Gutes zu erarbeiten, damit er dem Bedürftigen etwas zu geben habe.» (Eph. 4,28)

Lesen auch Diebe diese Worte? Ist unter den Lesern dieses Buches ein unverbesserlicher Dieb? Der Autor erinnert sich noch, wie er in einem Stadtviertel, das für seine hohe Kriminalität bekannt war, an einer Säule in einem Supermarkt ein aufrüttelndes Poster sah. In grellroten Buchstaben war da zu lesen: «Ladendiebstahl ist auch Diebstahl!» Meinte die Marktleitung etwa, so etwas müsse noch extra gesagt werden? Sie hatte wohl ihre Gründe dafür, und sie hatte ja auch Recht, denn für viele Leute ist es kein Diebstahl, wenn man einer reichen Firma ein paar Sachen entwendet. Vielleicht ist sogar bei wiedergeborenen Christen eine ähnliche «Schock-Therapie» erforderlich, denn nach biblischer Aussage steckt in jedem von uns ein Dieb. Wir tun viele Dinge, die in den Augen Gottes Diebstahl sind, und deshalb müssen wir an den Gesamtumfang des achten Gebots erinnert werden.

Wenn in unseren Gemeinden Poster über Diebstahl aufgehängt würden, stünde auf dem einen vielleicht: «Zu viel Freizeit ist Raub!» Auf einem anderen wäre zu lesen: «Wer sich nicht in der Gemeinde engagiert, begeht Diebstahl!» Viele solche Poster wären nötig, um die zahlreichen von Kindern Gottes unbewusst begangenen Diebstähle auf der geistlichen Ebene aufzuzählen, weil diese Art von Diebstahl (so sagen es zumindest Pastoren) so weit verbreitet ist, dass Christen sich gar nichts mehr dabei denken. Wenn wir aber wirklich dem Herrn gefallen und Fortschritte in unserem geistlichen Leben erzielen wollen, bemühen wir uns darum, die vielen Gesichter des Diebstahls zu erkennen und dann in uns jede Neigung zum Stehlen zu ersticken.

Das Gebot «Du sollst nicht stehlen» umfasst eine grosse «Familie» von Raub- und Betrugssünden. In diesem Kapitel wollen wir das achte Gebot hauptsächlich auf gläubige Christen anwenden. Wie bereits erwähnt, ist es Diebstahl, wenn Christen sich selbst übermässig viel Freizeit gönnen, es aber auf Kosten ihrer Mitchristen tun, wenn sie ihnen dadurch ihre Hilfe und ihr Engagement in der Gemeindearbeit vorenthalten. Herr und Frau «Konsument» sind Diebe, wenn sie den Löwenanteil der finanziellen Aufwendungen und der personellen Ausstattung in der Gemeinde anderen überlassen, während sie ihre Zeit und ihr Geld grösstenteils für sich selbst verwenden. Vielleicht reden sie viel über ihre Liebe zu den Lehren von der göttlichen Gnade und über das Wirken des Herrn in ihrem Leben, aber in den Augen Gottes sind sie bestenfalls Mitläufer und schlimmstenfalls Diebe. Eines Tages werden sie vielleicht in voller Härte an sich selbst erfahren, wie ernst es Gott meint mit Seiner Warnung an diejenigen, die ihre Mitchristen übervorteilen, «... denn der Herr ist ein Rächer für alle diese Dinge» (1. Thess. 4,6).

Stehlen beinhaltet verschiedene Aspekte

Bevor wir uns genauer ansehen, wie sogar wir als Christen Diebe sein können, müssen wir uns noch einmal bewusst machen, wie gemein das Verbrechen des Stehlens ist. Diebstahl in allen seinen Formen ist ein besonders niedriges Vergehen, weil es durchtränkt ist von Stolz, Hinterlist und Heuchelei. Auf der säkularen Ebene zeigt sich eine besondere Arroganz in der Art, wie ein Dieb die Grundregeln des gesellschaftlichen Lebens für sich selbst aufhebt. Gewöhnliche Diebe oder auch Betrüger im Geschäftsleben hätten es bestimmt nicht so gerne, wenn ihnen etwas gestohlen würde. Wie jeder andere Normalbürger wollen sie Recht und Ordnung in der Gesellschaft. Sie wären bestimmt entsetzt, wenn *ihre* Kinder ausgeraubt würden oder man in *ihre* Häuser und Wohnungen einbrechen würde. Doch wenn sie selbst betrügen oder stehlen, stellen sie sich über das Gesetz, von dem sie für sich selbst Sicherheit und Schutz verlangen. Sie setzen die Regeln des gesellschaftlichen Lebens für ihre Taten ausser Kraft. Eine solche Haltung ist die höchste Form von Arroganz und Selbstsucht.

Jetzt aber zurück zu dem nicht engagierten Gemeindeglied, das einen Diebstahl begeht, indem es seine Mittel und Zeit der Gemeinde vorenthält. Eine solche Person wäre ausser sich, wenn er oder sie selbst durch die Trägheit anderer überlastet wäre. Alle Formen des Stehlens sind Zeichen von Arroganz, weil die Täter sich über Regeln hinwegsetzen, deren Einhaltung sie von anderen erwarten. Herr und Frau «Konsument», die den Grossteil ihrer Zeit, Energie und finanziellen Mittel für sich reservieren, haben oft eine übersteigerte Sicht von ihrem eigenen Wert. Sie meinen, sie gehörten zu einer besseren Klasse von Menschen und hätten deshalb besondere Rechte, auch ein Anrecht auf ein grosses Auto, viel Freizeit, ein exklusives Haus oder auf lange, teure Urlaubsreisen. Sie halten sich für etwas Besonderes, und so brauchen sie ihren Diebstahl nicht zu rechtfertigen.

Stehlen ist auch ein Zeichen von Kaltschnäuzigkeit, weil der Dieb nicht danach fragt, welche Auswirkungen sein Verbrechen auf den Beraubten hat. Dem Wucherer, der überhöhte Mieten verlangt, ist es gleichgültig, welches Leid er dadurch verursacht. Jemand, der ein defektes Auto verkauft, fragt nicht danach, welche Schwierigkeiten der Käufer wegen dieses Betrugs vielleicht hat. Gleiches gilt für nicht engagierte Christen in einer Gemeinde. Auch sie kümmern sich nicht darum, ob ihre geistliche Faulheit vielleicht Auswirkungen auf das Leben anderer hat. Stehlen ist immer ein Zeichen von Herzlosigkeit.

Wenn wir Gott bestehlen

1. Gestohlenes Engagement

Was geschieht eigentlich, wenn Christen ihrer Gemeinde ihre Zeit und ihre finanziellen Mittel vorenthalten? Gott versammelt Seine Kinder in Gemeinden und verteilt unter ihnen Gaben und Fähigkeiten für den Dienst. Gleichzeitig teilt er jeder Gemeinde ein bestimmtes Arbeitspensum zu, mit Aufgabenbereichen der Evangelisation, der Lehre und der Seelsorge für alle Altersgruppen. Nehmen wir einmal an, dass etwa die Hälfte der Glieder in jeder Gemeinde nur ein oberflächliches Interesse an diesen Arbeitsbereichen hat und sich darin auch nicht engagiert. Wenn diese Leute nicht gerade dabei sind, ihre berufliche Karriere mit allen Mitteln voranzutreiben, dann verbringen sie ihre Abende zu Hause, gehen ihren Hobbys nach oder verschönern ihr Haus oder ihre Wohnung. Sie verwenden übermässig viel Zeit und Energie dafür, um zu Hause alles perfekt zu gestalten. In den Sommermonaten wird der Garten akribisch gepflegt, oder aber sie haben jeden Tag für andere Freizeitaktivitäten verplant.

Wenn Christen nur zu ihrem Vergnügen mit Freunden zusammen sind, viele Abende in Restaurants verbringen, ständig zu Kurzurlauben unterwegs sind, dann investieren sie Zeit, Energie und finanzielle Mittel, die sie in Wirklichkeit anderen Gemeindegliedern stehlen, weil diese sich dann umso mehr für die Gemeindearbeit engagieren müssen. Manche von ihnen sind dann so stark beschäftigt, dass sie sich kaum noch um ihre eigenen Familien kümmern können. Die Faulen (die Diebe) kritisieren sie vielleicht sogar noch, weil sie ihr Familienleben vernachlässigen. Diese Form des Diebstahls ist in Gemeinden des wohlhabenden Westens erstaunlich häufig anzutreffen.

Viele bekennende Christen leben so, als ob das folgende Gebet auf sie zutrifft: «Ich danke dir, Herr, dass du meine Seele gerettet hast! Ich danke dir, dass du am Kreuz von Golgatha für meine Sünden gelitten hast und gestorben bist. Jetzt, da ich Christ bin und in den Himmel komme, singe ich schöne Lieder und höre gerne gute Predigten. Ich danke dir auch, Herr, für die Freiheit, die es mir erlaubt, jedes sinnvolle Engagement im Dienst für meine Mitchristen zu vermeiden, mein Leben und meine Freizeit so zu gestalten, wie ich es will.» In Wirklichkeit sind solche Menschen Diebe, auch wenn in christlichen Kreisen unser Gewissen durch die weit verbreitete Akzeptanz der Bequemlichkeit abgestumpft worden ist. In unseren Gemeinden muss wieder eine Sehnsucht erwachen nach dem Eifer früherer Zeiten, dem Eifer für die Arbeit am Evangelium, für die Ehre unseres Erlösers und auch für die wahre Erfüllung, Gewissheit und Erfahrung der einzelnen Gläubigen.

2. Gestohlene Gemeinschaft

Eine weitere Form des Diebstahls an der Gemeinschaft gläubiger Menschen geschieht, wenn wir nicht unseren Beitrag leisten in zwischenmenschlichen Beziehungen, in Freundschaften, bei der Fürbitte für andere, bei der Gastfreundschaft, wenn wir es versäumen, anderen Mut zu machen und Verständnis entgegenzubringen. Auf dem Konto unserer Mitmenschlichkeit entsteht ein «Sollsaldo», wenn wir kalt und unnahbar sind, von anderen nur nehmen, aber nichts geben. Auch das ist eine Form des Diebstahls. Schliesslich sollen wir in einer Gemeinde alle unseren Teil dazu beitragen, um das Gefühl der Zusammengehörigkeit zu stärken und Hilfsbereitschaft untereinander zu praktizieren. Als Christen sind wir es einander schuldig, zur Ehre Gottes zwischenmenschliche Beziehungen aufzubauen und uns umeinander zu kümmern. Leider nehmen manche Christen gerne die Vorteile einer christlichen Gemeinschaft in Anspruch, ohne jedoch selbst etwas dazu beizutragen. Wir müssen uns die Frage stellen: Trifft das auch auf mich zu? Vielleicht bemühe ich mich nicht allzu sehr darum, für andere Menschen ein Segen zu sein oder ein helfendes Interesse an ihren Lebensumständen zu haben. Viele Leute sind zwar sehr freundlich zu mir, aber ich gebe mir nicht die Mühe, ihre Freundlichkeit zu erwidern. Vielleicht sind andere Christen sehr geduldig mit uns, ertragen unsere vielen Schwächen, Fehler und Sünden, aber wenn uns jemand aus der Fassung bringt, sind wir nicht bereit, ihnen auch die gleiche Geduld und Vergebungsbereitschaft entgegenzubringen. Wenn wir eine Bilanz ziehen und darin alle Vorteile und Segnungen, die wir empfangen haben, aufzeichnen und daneben den Beitrag, den wir selbst geleistet haben, wären wir dann auf der Minusseite und somit der Gemeinde gegenüber tief verschuldet? Wenn das der Fall ist, leben wir dann Jahr für Jahr munter so weiter, indem wir viel nehmen, aber selten etwas geben?

Vielleicht nehmen wir gerne die «Dienstleistung» einer Gemeinde in Anspruch, blicken aber mit Verachtung auf das Gemeindeleben. Wir sind gerne mit Leuten zusammen, die immer herzlich und fröhlich sind, die das Leben von seiner positiven Seite sehen und uns immer Mut machen oder sogar zum Lachen bringen. Aber wie sieht es mit uns selbst aus? Sind wir immer trübselig, kritisch und machen lange Gesichter? Ist auch hier die Bilanz unausgeglichen? Nehmen wir die «gesellschaftlichen» Annehmlichkeiten des Gemeindelebens zwar gern in Anspruch, haben aber keinen Blick für die geistlichen Wurzeln und Ziele unserer Gemeinde?

Wenn man die Jahre Revue passieren lässt, denkt man an viele Menschen, die eine Menge Zeit in der Seelsorge verbringen. Das ist ein heikles Thema, weil wir niemanden davon abhalten wollen, im Notfall um Rat und Hilfe zu bitten. Aber trotzdem kommen einem Menschen in den Sinn, die von vielen «Hirten» in der Gemeinde zahlreiche Stunden der Ermutigung und Freundlichkeit in Anspruch genommen haben, ohne dass sich die erwartete Wirkung eingestellt hat. Wie sah die Bilanz aus – nachdem man so viel Zeit, Aufmerksamkeit und Interesse investiert hatte? Haben die Menschen, die so viel Hilfe bekommen haben, irgendwann einmal etwas zurückgegeben? Oder haben sie schliesslich mit einer undankbaren und kritischen Haltung ihren Weg fortgesetzt? Manche Bilanzen lesen sich wie Geschichten von Betrügern. Wir alle haben zeitweise Probleme und brauchen dann die Hilfe und Unterstützung einer christlichen Gemeinde. Aber was geben wir für die erhaltene Hilfe, wenn der Herr uns segnet?

3. Diebstahl in der Ehe

Eine weitere Form des Stehlens im Bereich der zwischenmenschlichen Beziehungen findet in der einzigartigen ehelichen Gemeinschaft statt. Wir haben dieses Thema bereits in einem vorherigen Kapitel behandelt. In 1. Korinther 7,3–5 steht ein sehr bezeichnender Text, in dem Paulus sagt:

«Der Mann gebe der Frau die Zuneigung, die er ihr schuldig ist, ebenso aber auch die Frau dem Mann. Die Frau verfügt nicht selbst über ihren Leib, sondern der Mann; gleicherweise verfügt aber auch der Mann nicht selbst über seinen Leib, sondern die Frau. Entzieht euch einander nicht ...»

Dieser Text sollte sich nicht nur auf das Thema der intimen Beziehungen unter Eheleuten beschränken, weil der erste Teil ausführlich von der «geschuldeten Zuneigung» spricht. In der christlichen Ehe gibt es offenbar eine gegenseitige Schuld der Liebe, der Zuneigung und des Verständnisses. Kommen beide Ehepartner ihren Verpflichtungen nach oder entziehen sie sich einander? Wenn sie dem anderen die «geschuldete Zuneigung» vorenthalten, dann nennt das Paulus einen Betrug oder einen Verstoss gegen das achte Gebot. In einem solchen Fall betrügt der eine den anderen um die geschuldete Liebe und Zuneigung, Sorge und Aufmerksamkeit, Ermutigung und Unterstützung und vielleicht noch vieles mehr.

Manche bekennende Christen sind als Ehepartner eher eine Last, weil ihnen jedes Gefühl der Zuneigung zum Partner fehlt. Mit dieser Haltung stehlen sie ihrem Partner die Freude, die Jugend und viele Lebensjahre, aber auch Hoffnungen und Träume. Sie nehmen nur und geben nichts. Wenn wir es versäumen, unserem Ehepartner die «geschuldete Zuneigung» zu geben, ist es nie zu spät, Gott um Hilfe zu bitten und in der Ehe ein neues, wenn auch spätes Kapitel aufzuschlagen, weil der Herr auch diese Sünden gern vergibt.

4. Gott die Herrschaft stehlen

Unerlöste Menschen bestehlen Gott die ganze Zeit. Sie nehmen ihr Leben, ihre Gaben und Fähigkeiten, ihre Gesundheit, ihre körperliche Kraft und ihre Lebensjahre und verbrauchen alles für sich selbst. An dieser Stelle müssen wir jedoch noch einmal erwähnen, dass auch gläubige Menschen Gott bestehlen können. Manche stehlen Ihm die Herrschaft über ihr Leben, weil sie auf ihrer Selbstbestimmung beharren. Sie sagen zwar, dass ihr Leben Jesus gehöre, weil Er sie teuer erkauft habe und Er ihr Herr und Meister sei, aber dann stehlen sie sich das Recht, zu entscheiden, welche Arbeitsstelle sie im nächsten Jahr haben werden, was sie studieren oder mit ihrem Leben anfangen und wo sie wohnen wollen. Sie wollen wichtige persönliche Entscheidungen treffen, ohne sich an den Herrn oder Sein Wort zu wenden. Manchmal sagen sie zwar, dass sie sich vom Herrn führen lassen wollen, aber sobald der Wunsch nach etwas in ihnen stark genug ist, preschen sie einfach vor und erfüllen ihn sich. Manche Christen lassen sich nur von ihren Impulsen und Launen treiben. Stehlen wir dem allmächtigen Gott die führende

Rolle in unserem Leben, oder sind wir wirklich aufrichtig darum bemüht, in allen Situationen unseres Lebens Seinen Willen zu erkennen?

Ein Beispiel aus unserer Praxis sind gläubige Eltern mit Kindern im Teenageralter, die nur deshalb eine bestimmte Gemeinde unterstützen, weil sie ihre Kinder in einem sicheren und gesellschaftlich akzeptablen Umfeld wissen wollen und weil sie hoffen, dass sie eines Tages dort die passenden Ehepartner finden. Solche Eltern verlassen Gemeinden in weniger guten Gegenden, weil es dort nicht die «richtigen» Jugendgruppen gibt. Sie gehen lieber in Gemeinden, die sich in «guten» Gegenden befinden. Ehepaare im mittleren Alter sind bereit, alle ihre biblischen Erkenntnisse über Bord zu werfen und eine Art von Gemeinde zu unterstützen, die sie vorher immer kritisiert haben, nur um ihren Kindern ein sicheres Umfeld zu bieten. Gemeinden in Innenstädten erleiden einen Verlust, weil solche Ehepaare eine «heile» Gemeinde für sich und ihre Kinder suchen. Aber zeigt man mit einer solchen Haltung nicht, dass man im Grunde genommen gar keinen Glauben und kein Vertrauen zu Gott hat? Zeigt man damit eine Liebe zur Wahrheit, einen Eifer für die Verbreitung des Evangeliums und Hingabe zu Gott, oder zeigt man als Gläubiger damit nur, dass man sich das nimmt, was man gerne möchte?

5. Gestohlene Segnungen

Wie viele Christen «stehlen» sogar ihre geistlichen Segnungen? In der Zeit des Alten Testaments taten die Juden das Gleiche. Auch aus diesem Grund wurden sie schliesslich von Gott zurückgewiesen. Ihr Verbrechen bestand darin, dass sie den göttlichen Segen als ihr ausschliessliches Eigentum für sich beanspruchten. Sie sollten die Botschaft des Wortes und der Wege Gottes vor der Welt verkörpern, aber sie meinten, dass diese Botschaft und der Tempel nur für sie selbst bestimmt waren, weil sie das Volk Gottes, die Heiden aber schlechtere Menschen und ohne jede Hoffnung waren. Als Christen sind wir nicht nur erlöst worden, damit wir das Wort Gottes hören und uns daran aufbauen. Wir müssen uns vielmehr solchen oder ähnlichen Fragen stellen: Hat der Herr mich nur um meiner selbst willen gesegnet? Behalte ich Seinen Segen für mich oder gebe ich ihn weiter? Erzähle ich anderen von meinem Glauben? Gebe ich Literatur oder Audiokassetten weiter? Lade ich ungläubige Menschen zum Gottesdienst ein? Engagiere ich mich in der Sonntagsschule und werbe ich auch andere für diesen Dienst? Oder bin ich wie die Juden in biblischen Zeiten, die gesagt haben: «Das ist nur für uns allein bestimmt»?

Wenn wir in dieser Hinsicht selbstsüchtig sind, ist das auch eine Form des Diebstahls. Gott hat es uns deutlich gemacht, dass wir Verwalter und Verteiler Seiner Segnungen sein sollen. Haben uns Selbstsucht, Faulheit, Feigheit oder Lieblosigkeit dazu gebracht, Gott zu bestehlen? Wie viele gläubige Christen, die nie in ihrem Leben einen Ladendiebstahl oder Einbruch begehen würden, rauben dem Herrn das Kostbarste und behalten es für sich selbst? Die Botschaft von der Erlösung durch Jesus Christus nicht weiterzugeben – bedeutet das nicht Diebstahl am grössten Schatz, den die göttliche Barmherzigkeit uns in der gesamten Weltgeschichte geschenkt hat?

6. Diebstahl an uns selbst

Wir stehlen auch, wenn wir unsere *materiellen* Segnungen als unser alleiniges Eigentum ansehen. Eine weitere grosse Sünde der Juden war ihre Einstellung ihrem Land gegenüber. Für uns heute sollte uns das als Warnung dienen. Gott gab ihnen ein sehr grosses Gebiet, und sie bewohnten es, aber der Herr sagte ihnen deutlich, dass alles Land Ihm gehöre (2. Mose 19,5). Sie seien die Verwalter, aber nicht die Eigentümer, und deshalb hatten sie nicht das Recht, auch kleine Teile des Landes auf unbestimmte Zeit zu verkaufen. Sie durften es nur für kurze Zeit verpachten. Danach sollte es dem ursprünglichen Verwalter zurückgegeben werden. In 3. Mose 25,23 ist dieses Gebot festgehalten: «Ihr sollt das Land nicht für immer verkaufen;

denn das Land gehört mir, und ihr seid Fremdlinge und Gäste bei mir.» Sie waren Pächter, Bewohner, Besucher, Mieter, aber keine Eigentümer. Gott allein war der Grundeigentümer.

Für uns heute lässt sich diese Tatsache so anwenden: Alles, was wir besitzen, gehört in Wirklichkeit Gott. Wir sind nur Verwalter und Hüter Seines Eigentums. In gewissem Sinne besitzt ein wahrer Christ überhaupt nichts, weil er nicht sich selbst gehört, sondern Gott. Zu den schlimmsten Fehlern, die wir machen können, gehört prahlerisches Verhalten, wenn wir stolz sagen: «Das ist mein Haus! Das ist mein Auto!» Gläubige Christen sollten niemals Gefühlen von Besitzerstolz nachgeben und in Dingen schwelgen, die sie erworben haben. Wenn man meint, man hätte etwas erreicht, weil man etwas besitzt, lässt man einen zerstörerischen Einfluss auf die eigene Seele zu, weil man dadurch das Bewusstsein verliert, dass man von Gott nur als Verwalter eingesetzt ist und den Herrn «bestiehlt».

Der für uns als gläubige Christen einzig akzeptable Weg besteht darin, sich vor Gott den Status als Hüter und Verwalter Seines Eigentums einzugestehen und uns zur treuen «Verwaltung» unseres gesamten Besitzes zu verpflichten. Mit diesen Ausführungen begeben wir uns bereits auf das Territorium des zehnten Gebotes, aber wir wollen an dieser Stelle nur aufzeigen, dass wir unseren gesamten Besitz Gott ständig zur Verfügung stellen müssen. Wir sollen gastfreundlich sein und das, was wir haben, innerhalb der Familie Gottes einsetzen. Wir müssen auch bereit sein, Gegenstände zu verkaufen, um die Mittel für Gott einzusetzen, oder weil etwas, das wir besitzen, für andere ein schlechtes Beispiel oder ein Ärgernis ist. Wenn wir eifersüchtig an unserem Besitz festhalten, bestehlen wir den Herrn, unseren Erlöser. Vielmehr sollen wir zu Gott sagen:

«Ich bin Dein von ganzem Herzen,
Dir nur will ich folgen nach.»

Wenn gläubige Christen Diebstahl begehen

Aber was ist mit eigentlichem Diebstahl? Machen sich gläubige Christen auch in dieser Hinsicht schuldig? Die Ermahnung des Apostels Paulus in Epheser 4,28 klingt verblüffend, wenn er zu Gemeindemitgliedern sagt: «Wer gestohlen hat, der stehle nicht mehr.» Vielleicht hatte der Apostel nicht den ehemaligen, jetzt bekehrten Gauner im Sinn, sondern den aktiven Schmarotzer unter den Kindern Gottes. In jenen Tagen kamen viele Sklaven zum Glauben. Manche von ihnen meinten vielleicht, sie hätten ein Recht darauf, zu stehlen. Wir haben Verständnis mit denjenigen, die von anderen als Besitz betrachtet, missbraucht und übervorteilt wurden. Sie bekamen für ihre Arbeit so gut wie gar keinen Lohn, und so dachten sie, es sei doch nur recht und billig, wenn sie hier und da etwas mitgehen liessen. Aber sobald sie sich bekehrt hatten, mussten sie jeder Versuchung zum Diebstahl widerstehen, auch wenn ihre Besitzer sie weiter übervorteilten.

Heute gibt es in unseren Gemeinden auch solche, die stehlen oder betrügen, ohne dass sie sich darauf berufen können, unterdrückte Sklaven zu sein. Ich denke da an einen erfolgreichen Geschäftsmann, der insgeheim stolz war, weil er es fertig brachte, seine Waren zu überhöhten Preisen zu verkaufen. Dennoch genoss er als Christ viel Respekt. Wenn gläubige Menschen vor ihrer Bekehrung gewohnheitsmässige Betrüger waren, fallen sie manchmal wieder in diese Gewohnheit zurück.

Ich erinnere mich auch an einen christlichen Handelsvertreter, der jahrelang seine Firma mit zu hohen Spesenabrechnungen betrogen hatte. Offenbar war das unter seinen Kollegen eine gängige Praxis, und er hätte sich unbeliebt gemacht, wenn er korrekte Abrechnungen eingereicht hätte. Eines Tages berührte der Geist Gottes sein Herz, und er war zutiefst erschüttert über sein sündhaftes Verhalten. Vielleicht gibt es viele andere Christen, die solche und ähnliche Betrügereien begehen, aber Gott setzt einem solchen Verhalten ein absolutes Verbot entgegen.

Was ist das positive Gegenteil des achten Gebotes? Wir sollen Menschen sein, die bereit sind zu *geben*, so wie es Paulus in Epheser 4,28 ausdrückt: «Wer gestohlen hat, der stehle nicht mehr, sondern bemühe sich vielmehr, ... damit er dem Bedürftigen etwas zu geben habe» – und dem Werk des Herrn. Berauben wir Gott? Investieren wir unsere ganze Zeit und Energie in die Dinge, die wir als unser Eigentum beanspruchen? Sind wir «Diebe», die hoffen, dass niemand, noch nicht einmal der Herr, uns bei unserem Diebstahl ertappt? Unser Denken soll von der Bereitschaft geprägt sein, unserem Herrn alles hinzugeben. Wir wollen uns vornehmen: «Alles, was ich habe, gehört Jesus Christus. Ich bin nur Sein Verwalter. Nichts, was ich habe, gehört mir wirklich.»

Wenn wir das achte Gebot lesen, wollen wir dabei die freundliche, flehende Stimme des Herrn hören. Er spricht zu uns wie damals zu Petrus, als Er ihn fragte: «Hast du mich lieb?» Wir wollen in den Worten «Du sollst nicht stehlen» die Stimme unseres Erlösers hören. Er fragt uns heute: «Würdest du mich bestehlen?» Wie können wir Ihn, unseren göttlichen und geliebten Freund, bestehlen? Wir wollen in diesen Worten auch die gegenteilige, positive Ermahnung hören, die direkt aus dem Wesen Gottes, des ewig Gebenden, kommt: «Du sollst ein grosser Geber und Helfer sein. Du sollst das Evangelium weitergeben, aber für die Sache Christi sollst du auch deine Liebe, deine Fürbitte, dich selbst und deine finanziellen Mittel hingeben.»

Kapitel 9

Das neunte Gebot
*«Du sollst kein falsches Zeugnis reden gegen
deinen Nächsten!»*

Eine ganze «Familie»
von Lügen

*«Lügt einander nicht an, da ihr ja den alten Menschen
ausgezogen habt mit seinen Handlungen und den neuen
angezogen habt ...» (Kol. 3,9–10)*

Der Apostel Paulus sprach zu Titus über den «Gott, der nicht
lügen kann». Diese Aussage ist einfach und dennoch gross-
artig. Gott ist kein Trugbild und auch kein Produkt menschlicher Erfindungsgabe. Er verändert sich auch nicht im Laufe
der Zeit und Er passt Sein Wesen nicht den Umständen an.
Alle Seine Aussagen sind vollkommen und wahr, weil Gott die
Wahrheit ist, und zwar im wahrsten Sinne des Wortes. Männer und Frauen dagegen sind nie das, was sie zu sein scheinen.
Das nach aussen sichtbare Verhalten verbirgt eine Vielzahl von
Schwächen und Sünden, aber der Herr ist alles das, was die Bibel von Ihm sagt.

Gott ist auch wahrhaftig in dem Sinne, dass Er sich niemals
irrt. Unsere Aussagen sind häufig falsch, nicht weil wir lügen,
sondern weil wir unwissend sind. Aber Gott kann sich nie ir-
ren, weil Sein unendliches Wissen und Seine Weisheit Seiner
Wahrhaftigkeit entsprechen. Es ist tröstlich für uns, wenn wir

uns bewusst machen, dass die Verheissungen Gottes auf Seinen Eigenschaften aufbauen. Während unsere Verpflichtungen von unvorhersehbaren Entwicklungen beeinflusst werden können, macht Gott Seine Zusagen im Licht Seines vollkommenen Wissens, und deshalb sind sie absolut zuverlässig.

Ein weiterer Gedanke über die Wahrhaftigkeit Gottes vermittelt uns einen grossen Trost. Diese Eigenschaft umfasst alle Facetten Seines unendlichen Wesens. Wenn Gott etwas sagt, dann meint Er es auch. Er gibt nicht nur nüchtern korrekte Erklärungen ab wie ein Akademiker oder Politiker, dem vielleicht jedes Gefühl fehlt. Die Worte Gottes entspringen Seinem gesamten, unendlichen Wesen. Wir sagen häufig Dinge, die wahr sind, aber unser Herz steht nicht dahinter. Vielleicht laden wir jemanden ein, uns zu besuchen, aber wir meinen es damit nicht ehrlich. Wir sind möglicherweise müde oder haben nur wenig Zeit und wären deshalb erleichtert, wenn der Eingeladene nicht kommen könnte. Wir meinen es zwar ehrlich mit unserer Einladung, aber wir stehen nicht wirklich dahinter. Aber wenn Gott verlorene Seelen zu sich einlädt, dann steht Er mit Seiner ganzen, unendlichen Liebe dahinter.

Vor vielen Jahren kam es zwischen zwei Spitzenpolitikern aus derselben Partei zum Streit. Der eine nannte den anderen eine «ausgetrocknete Rechenmaschine». Diese Worte waren bissig gemeint, aber sie beinhalteten das Eingeständnis, dass der Beleidigte ein brillanter Ökonom war. Allerdings fehlte es ihm wohl an Mitgefühl oder an Herzenswärme. Das trifft auf den allmächtigen Gott nicht zu. Die Erlösung, die Er für uns erdacht hat, ist nicht eine «technische» Lösung für das Problem der Sünde, sondern ein Ausdruck Seiner grossen Liebe zu den Menschen. Wenn Gott uns in Christus bittet, zu Ihm zu kommen, dann tut Er das aus einem tiefen Mitgefühl und einer unfassbaren Zärtlichkeit heraus, und dann ist Er mit Seinem ganzen göttlichen Wesen wahrhaftig.

Wenn wir uns mit dem neunten Gebot auseinander setzen, müssen wir uns zunächst die Wahrhaftigkeit unseres Gottes bewusst machen. Er hasst jede Falschheit und liebt die Wahrheit. Als Seine Kinder sind wir reingewaschen von aller Falschheit der Vergangenheit, und wir sind aufgenommen worden in die Familie der Wahrhaftigkeit und Echtheit. Wir sind dazu berufen, Hochachtung vor der Wahrheit zu haben, und danach zu streben, in jedem Bereich unseres Lebens wahrhaftig zu sein.

Mehr als «nur» Verleumdung

Beim oberflächlichen Lesen könnte man meinen, dass das neunte Gebot sich nur auf die Verleumdung des Nächsten bezieht, aber ein kurzer Blick auf die Bedeutung der verwendeten Wörter zeigt uns schnell einen viel umfassenderen Sinn. Das mit «reden» übersetzte hebräische Wort («du sollst nicht falsches Zeugnis *reden*») bedeutet *blicken auf, betrachten, Acht geben auf, hören auf*. Es kann auch mit *geben* oder *mitteilen* wiedergegeben werden. Das Gebot verbietet nicht nur das (bewusste) Hören und das Aussprechen von einem falschen Zeugnis, sondern es verbietet jeden Umgang damit. Wir könnten es auch folgendermassen umschreiben: «Du sollst kein falsches Zeugnis erfinden, darauf achten, darüber nachdenken oder weitergeben.» Wir dürfen weder auf der Empfänger- noch auf der Senderseite sein.

Anders ausgedrückt sagt das Gebot dies aus: «Du sollst kein falsches Zeugnis im Kopf, in deinem Herzen oder auf deinen Lippen haben.» Wir verstossen bereits gegen dieses Gebot, wenn wir uns in Gedanken mit übertriebenen oder eingebildeten Vorstellungen über die Schwächen eines Mitmenschen beschäftigen, weil wir dann ein falsches Zeugnis *betrachten*, selbst wenn uns diese verleumderischen Gedanken niemals über die Lippen kommen. Was genau ist ein «falsches Zeugnis»? Es ist jede unwahrhaftige Version über bestimmte Ereignisse oder jede unwahre Aussage. Es kann sich dabei um Gerede oder üble Nachrede über jemand anderen handeln, oder aber um falsche Informationen über einen selbst, um bei anderen Eindruck zu schinden. Dazu zählen auch falsche oder übertriebene Ausreden, um sich aus einer Zwangslage zu befreien. Sogar übertriebene Schmeichelei ist eine Lüge und kann Schaden anrichten, weil damit dem Betreffenden ein falsches Bild über sich selbst vermittelt wird und daraus vielleicht Stolz entsteht. Eltern haben ihren Kindern mit unbegründeter Schmeichelei häufig geschadet.

Der übersetzte Vers lässt erkennen, dass die Unwahrheit sich «gegen deinen Nächsten» richtet, aber das mit «gegen» wiedergegebene hebräische Wort ist von der Bedeutung her sehr dehnbar und bedeutet auch «mit oder über deinen Nächsten». Frühere Bibelkommentatoren wurden dem grossen Bedeutungsumfang dieses Gebots gerecht. So schrieb zum Beispiel Matthew Henry: «Das neunte Gebot betrifft unseren eigenen und den guten Namen unseres Nächsten. Dieses Gebot verbietet 1) die Unwahrheit in jeder Angelegenheit zu sagen, zu lügen, zweideutig zu reden und jede Art von Täuschung unseres Nächsten; 2) gegen unseren Nächsten Unrechtes zu sagen; 3) falsches Zeugnis gegen ihn zu reden … ihn zu verleumden, Gerüchte zu verbreiten, Geschichten zu erzählen, Verfehlungen zu verschlimmern und zu versuchen, unseren eigenen Ruf auf Kosten unseres Nächsten zu verbessern.»

Warum eine Lüge schädlich und hässlich ist

Die erste erschreckende Wirkung einer Lüge für einen gläubigen Menschen lässt sich so beschreiben: Der heilige Gott, von dem unser Wohlergehen und die Gewissheit unseres Glaubens abhängen, wird Sein Gesicht und Sein Wohlwollen von einem Lügner abwenden, weil der im Gläubigen wohnende Heilige Geist betrübt wird (s. dazu die Warnung in Epheser 4,29–30). Es ist wirklich sehr töricht von uns, wenn wir uns durch eine Lüge um den Segen unseres Gottes bringen!

Die zweite fatale Wirkung einer Lüge ist der Verrat am zwischenmenschlichen Vertrauen. Derjenige, der belogen wird, ist der Verratene, weil dieser dem Lügner Vertrauen und Respekt entgegengebracht hat, ihn als verlässlichen Menschen ansieht. Dieses Vertrauen wird mit Füssen getreten. Die Unwahrheit ist eine Beleidigung und eine feindliche Handlung. Diesen Gesichtspunkt der Lüge hat Paulus im Sinn, wenn er sagt: «Darum legt die Lüge ab und redet die Wahrheit, jeder mit seinem Nächsten, denn wir sind untereinander Glieder» (Eph. 4,25).

Die dritte tragische Wirkung einer Lüge ist der Schaden, den sich der Lügner selbst zufügt. Wenn Ehebruch den Sünder schwächt, dann trifft das auch auf die Lüge zu. Wir können uns nicht vorstellen, wie sehr wir uns schaden, wenn wir lügen. So wie Riesenwellen auf ein kleines Boot prallen, den Rumpf zerbrechen und es schliesslich zum Sinken bringen, bedeutet jede Lüge einen zerschmetternden Schlag für unseren Charakter. Der nächsten Lüge können wir schon viel schwerer widerstehen, und schon bald ist unser Gewissen abgestumpft und unsere Wahrhaftigkeit so stark beeinträchtigt, dass das Lügen zu einem Charakterzug wird. Jesus Christus sieht dieser Entwicklung bestimmt zu und sagt sich wohl: «Dieses eine meiner Kinder sträubt sich nicht mehr gegen die Sünde. Es ist ein gewohnheitsmässiger Lügner! Dieses geliebte Kind, für das ich gelitten habe und gestorben bin, dieser Botschafter, der mich in dieser Welt vertritt, ist zu einem gefallenen, hoffnungslosen, zwanghaften Lügner geworden!»

Eine weitere folgenschwere Wirkung der Lüge ist die Tatsache, dass jede Unwahrheit eine mehrfache Sünde ist und weitere Sünden nach sich zieht. Für eine Lüge gibt es gewöhnlich ein sündhaftes Motiv. Wenn man ihr nachgibt, lässt man der dahinter liegenden Sünde freien Lauf. Stolz und Arroganz stecken zum Beispiel hinter prahlerischen Lügen, Stolz und Feigheit hinter unehrlichen Ausreden, und Hass, Bosheit oder Eifersucht stecken hinter rachsüchtigem Geschwätz. Zu den von Lügen erzeugten Sünden gehört auch die Heuchelei, weil der Lügner so tut, als sei er ein Christ, der den Weg mit dem Herrn geht und Seinen Segen erfährt.

Die Kampagne des Teufels

Der Teufel, der Vater der Lüge, versucht ständig, gläubige Menschen erneut zu Sklaven der gewohnheitsmässigen Lüge zu machen. Oft beginnt er seine Kampagne mit «unbedeutenderen» Lügen wie zum Beispiel Übertreibungen. Vielleicht übt er grossen Druck auf uns aus, nur damit er uns daran gewöhnt, Halbwahrheiten zu sagen. Er erringt einen zweifachen Sieg, wenn er uns dazu bringt, dass wir es sogar geniessen, wenn wir unsere Schilderungen übertreiben oder stark ausschmücken. Manche Menschen lügen und übertreiben, um anzugeben und auf sich aufmerksam zu machen. Andere lügen, damit sie aus einem Streitgespräch als Sieger hervorgehen oder sich Vorteile verschaffen. Manche Leute machen andere klein, damit sie selbst besser dastehen. Wenn unser Gewissen uns zu sehr plagt, weil wir unfreundliche Lügen über andere geäussert haben, dann wird Satan uns auf die sanfte Tour in die Kunst des Lügens einführen. Vielleicht wird er uns zuerst nur versuchen, den Klatsch weiterzugeben, den wir von anderen gehört haben. Mit der Zeit wird es uns dann nicht mehr so viel ausmachen, uns selbst etwas auszudenken.

Eine weitere subtile Einführung in die Praxis des Lügens ist die defensive Ausrede oder Notlüge. Satan flüstert uns ein, dass eine Notlüge harmlos ist und sogar einem guten Zweck dient. Aber Erfindungsreichtum bei Ausreden ist eine der wirksamsten Methoden Satans, um die Wahrhaftigkeit eines Christen zu untergraben. Nehmen wir an, ein gläubiger Christ hat etwas sehr Törichtes getan oder etwas Wichtiges versäumt. Weil sein Verhalten peinliche Auswirkungen haben wird, bedient er sich einer nicht ganz wahrheitsgemässen Ausrede. Seine Worte sind eine Lüge, auch sein «ehrliches» Verhalten und sein Gesichtsausdruck. Er ist zu einem Schauspieler geworden, und wie ein Schauspieler glaubt er vielleicht sogar an die Rolle, die er spielt. Er fühlt sich vielleicht sogar angegriffen, weil man seine Ehrlichkeit in Frage gestellt hat. Obwohl er in seinem tiefsten Inneren weiss, dass seine Ausrede unwahr ist, fühlt er sich im Recht. Der beharrliche Erfinder von Ausreden merkt es kaum noch, aber seine defensive Haltung ist schon fast neurotisch. Sein Gewissen ist lahm gelegt, und ein weiterer hoffnungsloser Lügner betrübt den Geist Gottes.

Manchmal macht der Teufel einen Christen mit dem gewohnheitsmässigen Lügen bekannt, indem er zunächst eine gewisse Gedankenlosigkeit und «Lockerheit» fördert. Es beginnt mit viel lockerem Gerede, wenn möglich über geistliche Themen, und so sind dann Redensarten zu hören wie: «Der Herr hat das für mich getan!» oder: «Der Herr hat mir einen Bus vorbeigeschickt» oder: «Der Herr hat mir gesagt, dass ich nicht dort hingehen soll.» Natürlich sind wir Gott dankbar für Seine Hilfe bei unseren Alltagsproblemen, aber es ist eine dumme Angewohnheit, wenn wir jede Kleinigkeit auf Sein direktes, persönliches Eingreifen zurückführen, ohne dafür Beweise zu haben. Schliesslich will Gott, dass Seine Kinder Sein Wirken in allen Lebensbereichen erfahren. Sicherlich greift der Herr auch auf besondere Art in unser Leben ein, wenn Er Gebete erhört, aber manche Christen beanspruchen ständig solche Erfahrungen für sich. Kommen uns Behauptungen über ein Eingreifen Gottes besonders leicht über die Lippen, selbst wenn sie jeder Grundlage entbehren? Wenn wir allzu locker oder leichtfertig über das göttliche Wirken in unserem Leben reden, ist das der erste Schritt zur Unehrlichkeit, weil es sich dabei um eine subtile Form der Unwahrheit handelt. Denken wir daran, dass Satan uns immer wieder dazu bringen will, mit der Wahrheit leichtfertig umzugehen und Dinge anders darzustellen, als sie wirklich geschehen sind. Auf diese Weise werden wir wie das Vieh auf die Schlachtbank vorbereitet. Nach und nach werden auf kleinere Ungenauigkeiten grössere Lügen folgen.

Natürlich wollen wir mit diesen Ausführungen nicht einen Bann gegen eine farbige, lebendige Sprache verhängen. Es ist ein Unterschied, ob ein Mensch eine Begabung hat, einen Sachverhalt in bunten Farben zu schildern, oder ob jemand zu schlimmen Übertreibungen neigt. Es gibt Menschen, die uns auf bildhafte und unterhaltsame Weise so manches verdeutlichen können, ohne dabei die Tatsachen zu verdrehen. Solche Menschen können uns manche, auch amüsante, Gesichtspunkte deutlich machen, die uns sonst vielleicht nicht aufgefallen wären. Vermeiden sollten wir allerdings Übertreibungen und Manipulationen der Wahrheit, auch wenn es uns nicht unbedingt darum geht, andere zu täuschen, sondern nur zum Lachen zu bringen.

Unzuverlässigkeit und Vorspiegelung falscher Tatsachen

Eine weitere subtile Form der Unehrlichkeit ist für unser Gewissen ebenfalls kaum wahrnehmbar. Es ist die Unzuverlässigkeit. Satan benutzt diese Eigenschaft gerne, um unsere Wahrhaftigkeit zu unterminieren. Unzuverlässigkeit kommt in allen Lebensbereichen vor, auch in der Gemeinde Jesu. Nehmen wir an, ein Gemeindeglied wird gebeten, bei einem bestimmten Projekt mitzuhelfen. Der Angesprochene reagiert positiv. «Ja, ich mache gerne mit. Tragen Sie mich in die Liste ein. Ich komme ganz bestimmt.» Aber wenn es so weit ist, lässt sich der Betreffende nicht blicken. Im Laufe der Jahre passiert so etwas dann immer wieder. Die Grenze zwischen Unzuverlässigkeit und Unehrlichkeit ist haarfein. Leute, die behaupten, dass sie etwas tun wollen, aber gar nicht die Absicht haben, ihre Worte in die Tat umzusetzen, sind nicht ehrlich. Sie meinen vielleicht, sie seien keine Lügner, aber sie haben es sich zur Gewohnheit gemacht, ihre Versprechen nicht einzuhalten.

Wer das Spenden verweigert, bestiehlt damit das Werk des Herrn, und man macht sich einer unausgesprochenen Lüge schuldig. Man belügt damit sogar den Heiligen Geist, wie wir es vom Fall des Ananias und der Safira wissen. Wenn wir es uns leisten können, etwas für die Sache des Herrn zu geben, es aber nicht tun, belügen wir unsere Mitchristen, weil wir vor ihnen als treue, pflichtbewusste Christen dastehen wollen. Halten wir unsere Gaben und Spenden zurück, haben wir ein dunkles Geheimnis, das wir nicht preisgeben wollen. Dadurch werden wir zu Betrügern.

Wir haben bereits erwähnt, dass Lügen nicht ausgesprochen werden müssen. Der Autor dieses Buches erinnert sich an einen jungen Mann (diese Sache liegt schon sehr lange zurück), der in seiner Gemeinde eine Verleumdungskampagne gegen andere begann, aber zu seinen «Opfern» war er monatelang überaus freundlich. Obwohl er nichts sagte, war sein Verhalten eine extreme Form der Täuschung. Diese unausgesprochene Lüge sieht man häufig an der herzlichen Art, wie sich Leute begrüssen, die sich eigentlich miteinander versöhnen müssten. So etwas ist das Werk Satans.

Wie schrecklich ist es, «durch die Heuchelei von Lügenrednern in seinem Gewissen gebrandmarkt zu sein» (1. Tim. 4,2). Die Menschen, von denen Paulus hier spricht, waren wohl unbekehrte Heuchler, aber seine Worte sind für uns alle eine ernste Warnung. In einem solchen Zustand spricht das Gewissen nicht mehr zu uns, wenn uns eine Prahlerei, Übertreibung, Erfindung oder unehrliche Ausrede über die Lippen kommt. Der Autor dieses Buches kannte einmal einen Mann, dessen ganzes Benehmen von Wahrhaftigkeit geprägt zu sein schien. Jeder, der ihn kennen lernte, musste davon ausgehen, dass er im wahrsten Sinne des Wortes ein Gentleman der alten Schule war, aber in Wirklichkeit wusste man nie, was dieser Mann als Nächstes im Schilde führte. Obwohl er unehrlich war, meinte er, wegen seines vornehmen Auftretens vorbildhaft zu sein, wenn es um Wahrhaftigkeit ging. Wenn man ihn wegen einer seiner hinterhältigen Intrigen zur Rede stellte, fand er immer eine Rechtfertigung dafür. Trotz seines guten Benehmens war er der Macht der Lüge verfallen.

Sind wir auch solche Heuchler? Geben wir uns überschwänglich, herzlich oder begeistert, obwohl unsere Gedanken und

Gefühle ganz anders sind? Sind wir unecht? Legen wir Allüren an den Tag oder geben wir uns anders, als wir wirklich sind? Sind unsere Motive und Handlungen echt? Sind wir wirklich ehrlich, wenn es um unsere Pläne geht? Wir wollen Menschen sein, die ihre Versprechen halten, die Doppelzüngigkeit, Verschleierungen und lügnerische Ausreden meiden wie die Pest. Wir wollen immer daran denken, dass der Herr eine lügenhafte Zunge hasst. Wollen wir wissen, wie wir uns Gott in unseren stillen Gebetszeiten nähern können? Wollen wir die Gegenwart des Herrn erfahren? Dann wollen wir beginnen, jede Art von Lüge aus unserem Leben zu verbannen und nach Wahrhaftigkeit und Echtheit in unserem Herzen und Verstand streben. Nur dann ist unser Herz geeignet als Wohnstätte für den Geist der Wahrheit.

Lügen im Werk des Herrn

Wir wollen uns an dieser Stelle nicht mit den unglaublichen Lügen und Übertreibungen beschäftigen, die in weiten Kreisen der charismatischen Bewegung üblich sind. Der Feind lanciert die Versuchung zur Lüge sogar in Gemeinden, in denen Wahrhaftigkeit erwünscht und in Ehren gehalten wird. Es gibt zum Beispiel eine Form der Unehrlichkeit, mit deren Hilfe Satan im 20. Jahrhundert den Zusammenbruch evangelikaler Gemeinden innerhalb der historisch gewachsenen Glaubensgemeinschaften herbeigeführt hat. Es ist das Syndrom der Vorspiegelung falscher Tatsachen oder der Vertuschung. Als der Autor dieses Buches noch ein Teenager und erst seit kurzer Zeit ein gläubiger Christ war, war er eine Zeitlang in einer bibelgläubigen Gemeinde, die zu einer solchen Glaubensgemeinschaft gehörte. Die Haltung dieser Gemeinde gegenüber der Dachorganisation war geprägt vom Glauben an eine Scheinwelt. Der Schriftführer der Gemeinde lud in Ankündigungen die Gemeindeglieder häufig zu Veranstaltungen dieser Dachorganisation ein. Er bezeichnete diese Organisation stets als «unsere geschätzte Gemeinschaft». Dadurch sollte der Eindruck vermittelt werden, dass die Dachorganisation haargenau dieselbe bibeltreue Auffassung hatte wie die Ortsgemeinde. Der Pastor vertrat die gleiche Linie, aber in Wirklichkeit gehörte seine Gemeinde zu einer winzigen Minderheit, die sich gegen eine Mehrheit von liberalen Gemeinden behaupten musste. Die Gemeindeleitung empfand sich dennoch als Teil der Dachorganisation und sah sie deshalb durch eine rosarote Brille. Es gelang ihr, vor den Gemeindegliedern den schockierenden Glaubensabfall dieser Dachorganisation zu verbergen. Der Pastor und die Gemeindeleiter meinten, sie handelten aus Liebe gegenüber den anderen Gemeinden, aber in den Augen Gottes war ihr Verhalten eine Form der Täuschung.

Wir sehen eine ähnliche Verfahrensweise in den «Betriebszeitungen» grosser Firmen. Darin kommt das jeweilige Unternehmen immer gut weg. Als Mitarbeiter könnte man bei der Lektüre den Eindruck bekommen, dass man den besten Arbeitgeber von allen hat, aber das überrascht nicht, weil solche Betriebszeitungen in der Regel von der PR-Abteilung herausgegeben werden. Leider gibt es auch in Gemeindekreisen eine ähnliche Tendenz. Eine Gruppe von Gemeinden entschliesst sich zur Veröffentlichung eines regelmässig erscheinenden Organs, in dem über die einzelnen Ortsgemeinden berichtet wird. Alles wird im besten Licht dargestellt, alles ist immer wunderbar. Wenn in der Gruppe ein ernstes Problem oder auch ein Irrtum entsteht, wird darüber geschwiegen, weil jeder negative Kommentar zu einer Entzweiung führen könnte. Die «Betriebszeitung» oder das Gemeindeorgan will immer den Zusammenhalt fördern und nie zugeben, dass vielleicht nicht alles Gold ist, was glänzt. Aber damit wird in Wirklichkeit ein falsches Zeugnis verbreitet; es wird gerufen: «Friede, Friede, wo es doch keinen Frieden gibt» (Jer. 6,14). Es wirkt sich jedoch schädlich auf die Kinder Gottes aus, wenn man die Wunden und Verletzungen der Gemeinden so behandelt, als ob sie nicht weiter schlimm seien und als ob es nicht nötig sei, Warnungen auszusprechen. Man ist unehrlich, wenn man den Gemeindegliedern einredet, dass keine ernsthafte Gewissensprüfung, kein Hinterfragen, keine Reue oder Reform erforderlich ist. Aber diese Schwäche haben viele Gruppierungen, selbst wenn es sich um Gemeinden mit einer gesunden Lehre handelt.

Pastoren und Amtsträger in Gemeinden sind nicht immun gegen das schleichende Gift der Unehrlichkeit. Besonders die Notwendigkeit der Diplomatie und Diskretion in ihren Aufgabenbereichen kann schnell zu Halbwahrheiten oder Unterdrückung von Fakten führen. Bei manchen Angelegenheiten haben die Leute jedoch ein Recht darauf, informiert zu werden. Am Tag des Gerichts, wenn alles Verborgene ans Licht kommt, wird es sich vielleicht zeigen, dass viele Gemeinden den göttlichen Segen und ihre Wirksamkeit verloren haben, weil der Geist Gottes durch Betrügerei beleidigt wurde. Präsentiert zum Beispiel ein Wortverkündiger Anekdoten als Tatsachen, obwohl das Erzählte nie wirklich geschehen ist? Wer so etwas tut, untergräbt auf törichte Art seine Wahrhaftigkeit. Bald wird ein solcher Mensch auch in anderen Bereichen Lügen erzählen.

Heuchlei lässt sich definieren als Bosheit, die vordergründig der Gerechtigkeit ihre Ehrerbietung erweist, aber es steckt noch mehr dahinter, weil auch Vorspiegelung falscher Tatsachen dazu gehört. Dadurch wird Heuchelei zur Lüge. Vor Jahren gab es in England einen Prediger, der in weiten Kreisen grosses Ansehen genoss. Allerdings sorgte er in seiner eigenen Gemeinde für Verwirrung. Wenn Gemeindeglieder ihn überraschend zu Hause aufsuchten, hörten sie schon von weitem, wie er seine Frau mit den gemeinsten Schimpfwörtern bedachte. Das ging jahrelang so. Er bemühte sich offenbar nicht, seine Wutanfälle in den Griff zu bekommen, aber trotzdem stand er immer wieder auf der Kanzel, weil er wohl meinte, er könne sich des göttlichen Segens sicher sein. Seine ungezügelte, aber seiner Meinung nach von anderen unbemerkte Sünde machte ihn zu einem Heuchler und Lügner. Wird es sich am Tag des Gerichts zeigen, dass es in vielen Gemeinden nicht wegen mangelnder Offenheit für das Evangelium an geistlicher Frucht fehlte, sondern weil die Leitung der Gemeinde unwahrhaftig war? Wie viele verborgene Sünden werden wohl an diesem Tag ans Licht kommen?

Alle Schwierigkeiten in einer Gemeinde sind an einem gewissen Punkt auf ein falsches Zeugnis zurückzuführen. Manchmal verfallen Christen allmählich in einen Zustand, in dem sie alles und jeden kritisieren, weil sie die Macht der Unehrlichkeit unterschätzen: Vielleicht erkennen sie ein Unrecht, aber anstatt das Problem an der richtigen Stelle anzusprechen, behalten sie ihre Kritik für sich. Gegenüber der Gemeindeleitung verhalten sie sich so, als ob alles in Ordnung wäre. Schon bald fällt es ihnen schwer, ihre Beschwerde mit der richtigen Einstellung vorzubringen oder überhaupt Gehör zu finden. Nach und nach macht sich in ihnen eine gewisse Bitterkeit breit, und plötzlich finden sie an allem etwas auszusetzen.

Wenn wir dieses ganze «Bündel» von Problemen und Schwierigkeiten erwähnen, wollen wir nicht den Eindruck vermitteln, so etwas sei typisch für evangelikale Gemeinden. Viele Christen haben ein von der Liebe zu Gott durchdrungenes Wesen. In ihrem Leben zeigt sich die Güte und Macht des Herrn, und es gibt unter ungläubigen Menschen niemanden, der sich mit ihnen vergleichen liesse. Aber wie lange braucht der Teufel, um einen aufrichtigen Christen in einen schädlichen Lügner zu verwandeln? Wir können uns nur selbst ermahnen, jede Form von Heuchelei und Täuschung zu meiden. Wir müssen uns davor hüten, uns von solchen Sünden einfangen zu lassen, und wir müssen beharrlich an der Wahrhaftigkeit festhalten. Wenn wir es zulassen, kann uns der Teufel sehr leicht zu Leuten machen, die von einem Moment zum anderen freundlich lächeln und dann feindselig und bitter sind. Es ist sehr schwierig und auch enttäuschend, wenn man es in einer Gemeinde mit Christen zu tun hat, deren wahre Einstellung man nicht kennt. Wir müssen als Christen «echt» sein, denn: «Die Weisheit von oben aber ist erstens rein, sodann friedfertig, gütig; sie lässt sich etwas sagen, ist voll Barmherzigkeit und guter Früchte, unparteiisch und frei von Heuchelei» (Jak. 3,17).

Der Sieg über die Lüge

Wahrhaftigkeit ist in den Augen Gottes so wertvoll und für unser geistliches Wohlergehen so entscheidend, dass wir in unserem Kampfe gegen eine lügenhafte Zunge niemals nachlassen dürfen. Wenn wir beten, wird der Heilige Geist unser Gewissen aktivieren und es empfindsam machen gegenüber jeder schon im Ansatz vorhandenen Lüge. Auf diese Weise sind wir gegen die Erfindungsgabe des «Fleisches» gewappnet. Sobald unser gefallenes Herz oder Satan uns zur Lüge verführt und unser noch vorhandenes sündhaftes Wesen sie zulässt, wird unser Gewissen uns keine Ruhe lassen. Dann beweisen wir, dass diese Worte des Apostels Paulus wahr sind: «Denn das Fleisch gelüstet gegen den Geist und der Geist gegen das Fleisch; und diese widerstreben einander, so dass ihr nicht das tut, was ihr (sonst) wollt» (Gal. 5,17). Wenn wir die «Nadelstiche» unseres Gewissens spüren, ist es Zeit, mit der Lüge aufzuhören und dafür zu beten, dass wir Macht über die Zunge bekommen. Auf ein solches Gebet hin hilft uns der Heilige Geist, die Versuchung ist besiegt und die in Galater 5,16 enthaltene Verheissung erfüllt sich: «Wandelt im Geist, so werdet ihr die Lust des Fleisches nicht vollbringen.»

Wenn wir allerdings die Lüge weiter aussprechen (oder uns lügenhaftes Gerede anhören), sündigen wir am aufrüttelnden, kontrollierenden Wirken des Geistes Gottes durch unser Gewissen. Wir verstossen nicht nur gegen den Massstab Gottes, sondern wir lehnen auch Seine Hilfe ab. Wenn wir das immer wieder tun, betrüben wir den Geist Gottes und unser Gewissen stellt seine Arbeit ein. Sollte ein gläubiger Christ sich erst dann einer Lüge bewusst werden, wenn er sie bereits geäussert hat, ist das ein Zeichen dafür, dass die Stimme unseres Gewissens zu oft überhört wurde und uns deshalb nicht mehr im Voraus warnt. Der Psalmist sagt: «Heute, wenn ihr seine Stimme hört, so verstockt eure Herzen nicht!» Wir müssen Gott stets um ein empfindsames Gewissen bitten, und wenn der Heilige Geist unser Rufen hört, müssen wir Seine Gabe wie einen kostbaren Schatz hüten, jede Warnung beherzigen und uneingeschränkt mit Ihm zusammenarbeiten. Nur so können wir das neunte Gebot einhalten.

Kapitel 10

Das zehnte Gebot
«Du sollst nicht begehren ...»

Der Feind unseres Herzens

«Euer Lebenswandel sei frei von Geldliebe! Begnügt euch mit dem, was vorhanden ist; denn er selbst hat gesagt: ‹Ich will dich nicht aufgeben und dich niemals verlassen›!» (Hebr. 13,5)

Das Wort Gottes geht in die Tiefe. Kein Werk der säkularen Literatur offenbart auf vergleichbare Art die geheimen Fehler des Herzens und verfolgt unsere Sünden bis hin zu ihren Ursachen. Wir haben bereits festgestellt, dass die Zehn Gebote negativ formuliert sind, weil wir Menschen uns gegen Gott auflehnen. Deshalb müssen diese Gebote der Massstab sein, an dem wir gemessen werden und unsere Hilfsbedürftigkeit erkennen. Wir müssen jedoch auch Ausschau halten nach den positiven Gegenteilen. Im Fall des zehnten Gebotes sind das Eigenschaften wie Zufriedenheit, Vernunft, Bescheidenheit und Selbstkontrolle. Anders betrachtet ist die Begehrlichkeit ein heftiges Verlangen nach persönlichen und irdischen Vorteilen. Das Gegenteil davon ist ein Herz, das erfüllt ist von dem Wunsch, den Interessen des Herrn und den Nöten anderer zu dienen.

Wenn man etwas begehrt, dann ist man erfüllt von heftigem Verlangen nach etwas. Unser menschliches Denken wird geprägt von Träumen, Plänen und Fantasien, von den «Requisiten», die unser Leben angenehm machen. Wenn wir Menschen uns nicht fixieren können auf das, was uns wünschenswert erscheint, werden wir unzufrieden und verlieren jede Motivation. Begehrlichkeit ist für uns rebellische Menschen die Triebkraft des Lebens. Das zehnte Gebot umfasst sowohl das entschlossene Streben nach einem Objekt der Begierde als auch den Neid eines «Unterprivilegierten» auf andere, die mehr besitzen und mehr Privilegien haben als man selbst.*

Wenn man etwas begehrt, dann fixiert man sich auf Dinge wie Besitz, Erfolg, Ansehen, Status, Berühmtheit, Beliebtheit, gesellschaftliche Position und äussere Erscheinung oder auch auf ausdrücklich verbotene Ziele wie «die Frau deines Nächsten». Die anderen Dinge sind zwar nicht automatisch moralisch schlecht, aber Begehrlichkeit richtet unser Denken und Trachten auf die Dinge dieser Welt, dieses Lebens. In gewisser Weise machen wir unser Glück und unsere Erfüllung von ihnen abhängig. Damit beleidigen wir den Herrn, der uns an die Spitze Seiner Schöpfung gesetzt hat und der uns die Fähigkeit gegeben hat, Ihn zu kennen. Er sieht, wie wir in unserer Begehrlichkeit nach Befriedigung unserer materiellen Bedürfnisse lechzen, wie wir hungern und dürsten nach Dingen, die nur mit unserem Körper zu tun haben. Unser Sehnen dreht sich um Geld, Kleidung, einem schöneren Heim, einem luxuriös ausgestatteten Auto, einem prestigeträchtigen Beruf, nach teuren Gegenständen und vielem mehr. Der Herr nimmt in unserem Denken nur den zweiten Platz ein. Wir sagen zwar, dass wir Ihn lieben, aber nicht genug, um von Ihm Erfüllung und Befriedigung all unserer Bedürfnisse zu erwarten.

---

* Im Neuen Testament wird die Sünde der Begehrlichkeit mit verschiedenen griechischen Wörtern umschrieben, mit den folgenden Bedeutungen: mit Leidenschaft ein Ziel verfolgen, mehr wollen, auf Gewinn aus sein, Silber und Gold lieben oder sich nach etwas ausstrecken. Der Begriff Lust bezieht sich im Neuen Testament häufig auf begehrliches Verhalten.

Acht Auswirkungen der Begehrlichkeit

1. Begehrlichkeit beherrscht unser Herz

Begehrlichkeit ist in den Augen Gottes deshalb so widerwärtig, weil sie unser Herz beherrscht und unser Denken und Fühlen von höheren Zielen weglenkt. Begehrlichkeit ist wie ein Fluss, der über die Ufer tritt. Das Wasser wird zu einem reissenden Strom, der nicht mehr zu kontrollieren ist. Es fliesst nicht um einen schönen Garten herum, damit er vor den Fluten verschont wird, sondern es reisst alles mit, was ihm im Weg steht. Wenn man von materiellen Dingen träumt, wird das menschliche Herz schnell überrannt von eingebildeten Bedürfnissen und Wünschen. Schon bald erscheinen göttliche Dinge nicht mehr erstrebenswert, und die Flamme der Hingabe an Gott wird ausgelöscht.

Im Gleichnis vom Sämann spricht der Herr von jenen Menschen, die erstickt werden von den Sorgen, Reichtümern und Vergnügungen dieses Lebens. Sie werden abgeschnitten vom Wort Gottes, und deshalb können sie keine geistliche Frucht bringen. Manche Menschen werden vom Evangelium so tief berührt, dass sie die Leere ihres Lebens ohne Gott und die Notwendigkeit Seiner Barmherzigkeit und Vergebung deutlich spüren. Aber die «Dornen» der Begehrlichkeit ersticken diese Gefühle in nur wenigen Stunden.

Auch bei gläubigen Christen kann die Begehrlichkeit jedes Interesse an geistlichen Belangen zum Erliegen bringen. Das ist ein tragischer Beweis für die Worte des Herrn: «Ihr könnt nicht Gott dienen und dem Mammon.» Jeder Christ, der meint, er könne den Wunsch nach Besitz, Ruhm, Beliebtheit, Bewunderung, Erfolg in der Welt, Komfort und übermässigem irdischen Vergnügen im Zaum halten, hat noch nicht die wichtigste Lektion der menschlichen Natur gelernt, dass nämlich der Mammon immer gewinnt. Wir müssen nur kurz Rückschau halten auf unsere eigene Erfahrung, um die Wahrheit dieses Prinzips zu erkennen. Sobald sich unser Denken und unsere Vorstellungskraft nur noch um materielle Ziele dreht, verlieren geistliche Belange für uns an Bedeutung. Die Begeisterung und Energie, die wir für unsere geistlichen Prioritäten brauchen, ist plötzlich nicht mehr vorhanden.

2. Begehrlichkeit macht alles schlimmer

Begehrlichkeit ist wie eine aggressive Krebserkrankung, die ihr Opfer mit Riesenschritten überwältigt. Sie ist auch vergleichbar mit einem tödlichen Virus, der einen gesunden Menschen angreift. Schlimmer noch, Begehrlichkeit schwächt einen Menschen nicht nur, sondern sie verschlimmert seinen Zustand, wie uns das zehnte Gebot zeigt. Die Wortwahl ist in diesem Zusammenhang interessant. «Du sollst nicht begehren die Frau deines Nächsten»: Hier haben wir eine zweifache Anklage. Begehrlichkeit zögert nicht, jemand anderen zu berauben, und sie ist auch bereit zu einem Verstoss gegen das siebte Gebot. Ein begehrlicher Mensch, der in der Gewalt seiner Begierde ist, schreckt auch nicht vor der Gefühllosigkeit gegenüber seinem Nächsten zurück. Sobald uns die Begehrlichkeit im Griff hat, werden sogar Arbeitskollegen, Bekannte, Freunde oder Verwandte zu Zielen unserer Eifersucht und unseres Grolls. Wenn wir die Gelegenheit dazu haben, würden wir ihnen alles stehlen, was wir uns wünschen.

Begehrlichkeit lenkt die Augen eines gläubigen Christen weg vom Wohl des «Nächsten» und hin zu dessen Besitztümern und Privilegien. Wenn man erst einmal unsensibel geworden ist durch eine begehrliche Haltung, ist die Fähigkeit eines Menschen zu wahrer Freundschaft und selbstloser Zuneigung ernsthaft gefährdet, weil jeder Mitmensch zu einer Herausforderung und einem Vergleichsobjekt wird. Ein gläubiger Christ ist dann nicht mehr in der Lage, mit anderen Menschen eine Beziehung zu pflegen, ohne sich mit ihnen zu vergleichen. «Sind wir nicht mindestens genauso gut wie die?», fragt sich das begehrliche Herz. «Warum geht es denen viel besser als uns?»

3. Begehrlichkeit als Akt der Anbetung

Gott hasst Begehrlichkeit, weil sie Menschen herabsetzt. Das trifft sogar auf Kinder Gottes zu. Aus einem gläubigen Menschen wird plötzlich ein Dienstbote, ein armseliges, winziges Wesen in Seinen Augen. Obwohl wir nach dem Bild Gottes geschaffen sind, reduzieren wir uns herunter auf das unterste Lebensniveau. Wir verlieren unsere höheren, geistlichen Ziele aus den Augen. Irdische, vergängliche Dinge werden zur wichtigsten Triebkraft unseres Lebens, und wir beschäftigen uns fast nur noch mit Banalem. Wie erwartet hasst der Herr Begehrlichkeit vor allem deshalb, weil sie ein Akt der Anbetung ist. Das ist ein passender Ausdruck für die starke Sehnsucht nach materiellen Dingen, die bis zu einer seelischen Abhängigkeit führen kann. Viele Stunden der Planung werden investiert, damit wir materielle Ziele erreichen können. Wenn wir schliesslich die Objekte unserer Begierde besitzen, lieben und ehren wir sie, stellen sie zur Schau und hüten sie wie unseren Augapfel.

4. Begehrlichkeit ist ansteckend

Noch etwas muss man bei der Begehrlichkeit fürchten: Sie ist ansteckend und ist in der Gemeinde Jesu wohl genauso schädlich wie der Klatsch. Sobald die Verhätschelung des Ichs und die Freude an luxuriösen oder zu aufwändigen Besitztümern in einer Gemeinde einen gewissen Grad der Akzeptanz erreicht haben, unterminiert diese Form der Begehrlichkeit rasch die ungeteilte Hingabe an Gott und die Verantwortung Ihm gegenüber. Christen, die noch nicht lange gläubig sind, beobachten die Abhängigkeit von irdischen Annehmlichkeiten und Luxusgütern bei denjenigen, die schon länger den Weg mit Gott gehen, und ihr Gewissen wird durch diesen Einfluss abgestumpft. Die zerstörerische Kraft eines negativen Beispiels wird nirgends stärker sichtbar als bei der Begehrlichkeit vieler Christen.

Im Neuen Testament wird Begehrlichkeit mit Götzendienst gleichgesetzt, aber in evangelikalen Kreisen wird sie heute kaum als Sünde angesehen. Manchmal denkt man an das Gemeindemitglied mit dem luxuriösesten Haus und Auto, wenn man jemanden sucht, der für ein Amt in der Gemeindeleitung am geeignetsten ist. Angebliche Christen im öffentlichen Leben oder in der Unterhaltungsindustrie stellen ihren unglaublichen Reichtum zur Schau, ohne dass sie in christlichen Zeitschriften dafür kritisiert werden.

5. Begehrlichkeit als Suchtfaktor

Ein weiterer Grund, die Begehrlichkeit zu fürchten, ist ihr Sucht- und Wachstumspotential. Der Teufel flüstert einem gläubigen Christen ein, dass ein bestimmter Gegenstand oder eine gewisse Position ihm grosse Zufriedenheit geben werden, und so wird viel Zeit und Energie investiert, um dieses Ziel zu erreichen. Alle Gedanken und Träume sind darauf ausgerichtet. Schliesslich wird das Ziel erreicht, aber schon zu bald hat man sich daran gewöhnt, und so empfindet man wieder eine gewisse Unzufriedenheit und Leere. Der einzige Ausweg liegt in einem weiteren, verheissungsvollen und verlockenden Ziel, und so entsteht ein immer wiederkehrender Teufelskreis. Der gläubige Christ ist jetzt seinen Begierden ausgeliefert wie ein Stück Treibholz, das von der Brandung hin und her geworfen wird. Er wird getrieben von unzähligen, törichten und schädigenden Lüsten, die immer nur für kurze Zeit befriedigt werden können.

6. Begehrlichkeit als «unsichtbare» Sünde

Vor allem ist die Begehrlichkeit die höchste Form der *unsichtbaren* Sünden. Unsichtbar ist sie für denjenigen, der diese Sünde begeht. Wenn Paulus in Römer 7,7 argumentiert, dass uns ohne das Gesetz das Ausmass unserer Sünde nicht bekannt wäre, wählt er die Begierde als herausragendes Beispiel der Selbsttäuschung. Er schreibt: «... denn von der Begierde hätte ich nichts gewusst, wenn das Gesetz nicht gesagt hätte: ‹Du sollst nicht begehren›!» Hier haben wir also ein hervorragendes Beispiel für eine *unsichtbare* Sünde, eine Sünde, die sich so gut tarnt, dass der Sünder sich seines Verhaltens kaum bewusst ist. Das liegt auch daran, dass sich die Begehrlichkeit am besten rechtfertigen lässt. Wir sind äusserst geschickt, wenn es darum geht, einen vernünftigen Grund für jeden unserer Wünsche zu finden. So sagen wir uns: «Diese Sache ist bestimmt sehr nützlich, und wir brauchen sie wirklich. Sie lässt sich gut einsetzen, wenn wir anderen vom Evangelium erzählen, und wir bekommen sie sehr preiswert.» Sehr schnell wird auf diese Weise ein Luxus zur Notwendigkeit. Begierde ist eine äusserst subtile Sünde, weil sie in ihrem Verlauf das Gewissen betäubt und zum Schweigen bringt.

7. Begehrlichkeit als Wurzel des Abfalls von Gott

In 2. Timotheus 3,1–2 erfahren wir, «... dass in den letzten Tagen schlimme Zeiten eintreten werden. Denn die Menschen werden sich selbst lieben, geldgierig sein ...» Paulus erwähnt dreizehn schlimme Eigenschaften einer von Gott abgefallenen Gesellschaft und nennt die Sünde der «Geldliebe» oder Begehrlichkeit an zweiter Stelle. Wir leben heute in einer gefährlichen Zeit. Viele Christen, die sich als bibelgläubig bezeichnen, werfen die alten Werte des Glaubens über Bord und schliessen Kompromisse mit der Weltliebe und dem Irrtum. Wie erklären wir uns die erstaunliche Schwäche vieler Verantwortlicher in evangelikalen Kreisen, wenn sie in ihren Gemeinden weltliche Einflüsse zulassen? Paulus erwähnt in seiner Liste zuerst die Sünden der Eigenliebe und der Begehrlichkeit. Sobald Verantwortliche in der Gemeinde Jesu für ihre eigene Sicherheit sorgen, für ihr Ansehen, ihre Karriere, ihr Wohlergehen und ihren Besitz, werden sie aufhören, für die Massstäbe des Wortes Gottes einzustehen. Sie werden grösseren Wert legen auf Diplomatie als auf Treue, auf Harmonie als auf Reinheit, und sie werden verschiedene Meinungen über den schmalen Weg zulassen. Wenn ein Diener Gottes seiner Gier nach Komfort, nach Sicherheit, nach einer guten Position oder nach

Besitz nachgibt, werden diese Dinge für ihn bald eine so grosse Bedeutung bekommen, dass er die biblischen Werte nicht mehr verteidigt. Dann wird eine Sünde auf die andere folgen, und er wird um materieller Vorteile willen seine Ansichten der Mehrheit anpassen. In der langen Geschichte bibeltreuer Gemeinden sind viele Verantwortungsträger in diese Falle Satans getappt. Wenn wir mit dem Mammon, also den materiellen Dingen dieses Lebens, nicht verantwortungsvoll umgehen, werden wir uns auch bei den wahren Reichtümern als treulos erweisen. In 1. Timotheus 3,3 gibt Paulus die Anweisung, dass ein Mann nicht zum Ältesten ernannt werden darf, wenn er nach Gewinn strebt. Derselbe Massstab gilt auch für Diakone. Verantwortungsträger in Gemeinden müssen mit dem zufrieden sein, was sie haben. Sie müssen einen Blick haben für die Nöte und Schwierigkeiten anderer, nicht für sich selbst und ihren materiellen Gewinn.

Die enge Verbindung zwischen Begehrlichkeit und der Abkehr von der Wahrheit wird in 2. Timotheus 4,3–4 deutlich. Dort schreibt der Apostel Paulus: «Denn es wird eine Zeit kommen, da werden sie die gesunde Lehre nicht ertragen, sondern sich selbst nach ihren eigenen *Lüsten* Lehrer beschaffen, ... und sie werden ihre Ohren von der Wahrheit abwenden ...» Das hier mit *Lüste* übersetzte Wort bedeutet Gelüste oder starkes Verlangen. Aus dem Vers geht hervor, dass Gemeinden sich Prediger aussuchen werden, die ihnen erlauben, so zu leben, wie sie es wollen. Das werden Männer sein, die sie wegen ihres übertriebenen, allzu komfortablen Lebensstils nur selten ermahnen oder in Frage stellen. Dieses Phänomen beobachten wir heute in vielen Gemeinden. Die Gemeindeglieder dürfen ihrer Eigensucht nachgeben, ihrem Wunsch nach Bequemlichkeit, ihrer Weltliebe. Von der Kanzel herunter wird ihnen geschmeichelt und verkündet, dass sie trotzdem treue Jünger Jesu sind. Solche Menschen können es nicht ertragen, eine *gesunde* Lehre zu hören, den gesamten Ratschluss Gottes, der *Herz* und *Verhalten* von gläubigen Christen erforscht. Deshalb wählen sie

Wortverkündiger, die ihr sündhaftes Verhalten nicht in Frage stellen. Das ist eine sichere Methode, in vielen Teilen der Welt grosse Gemeinden aufzubauen. Die theoretischen Lehren der Bibel können getrost gepredigt werden, auch die herrlichen Lehren von der Gnade Gottes, damit die Zuhörer vom Intellekt her angesprochen werden. Aber die Begehrlichkeit in allen ihren Formen sollte niemals angeprangert werden.

8. Begehrlichkeit als Grund für den Ausschluss aus der Gemeinde Jesu

Der gravierende Charakter dieser Sünde wird erkennbar aus vielen Warnungen im Wort Gottes. So sagt Paulus in 1. Korinther 5,11, dass Begehrlichkeit sogar zum Ausschluss aus der Gemeinde Jesu führen kann. «Jetzt aber habe ich euch geschrieben, dass ihr keinen Umgang haben sollt mit jemand, der sich Bruder nennen lässt und dabei ein Unzüchtiger oder *Habsüchtiger* oder Götzendiener oder Lästerer oder Trunkenbold oder Räuber ist; mit einem solchen sollt ihr nicht einmal essen.» Das hier verwendete griechische Wort meint jemanden, der gewinnsüchtig ist und immer mehr will. Es kann sich um die Gier nach Geld und Besitz handeln, aber auch um das Verlangen nach einer bestimmten gesellschaftlichen Position, nach Einfluss und Anerkennung. Offenbar geht es hier um einen schlimmen, anhaltenden Zustand, der eine so schwere Strafe rechtfertigt.

In 1. Korinther 6,10 bekräftigt Paulus seine Aussage mit diesen Worten: «… weder Diebe noch *Habsüchtige*, noch Trunkenbolde, noch Lästerer, noch Räuber werden das Reich Gottes erben.» Eine ähnliche Warnung wiederholt er in Epheser 5,5. Dort sagt er klipp und klar, dass ein Habsüchtiger ein Götzendiener ist und deshalb keinen Platz hat im Reich Christi. Vielleicht müssen wir uns zu Tode erschrecken lassen, um die Sünde der Begehrlichkeit zu meiden. Die Notwendigkeit, einen Habsüchtigen aus der Gemeinschaft der Gläubigen auszuschliessen, geht auch aus den Worten des Apostels Paulus in 1.

Timotheus 6,9–10 hervor. «Denn die, welche reich werden wollen, fallen in Versuchung und Fallstricke und viele törichte und schädliche Begierden, welche die Menschen in Untergang und Verderben stürzen. Denn die Geldgier ist eine Wurzel alles Bösen; etliche, die sich ihr hingegeben haben, sind vom Glauben abgeirrt und haben sich selbst viel Schmerzen verursacht.»

Wie wir Begehrlichkeit vermeiden können

1. Die richtigen Prioritäten setzen

Wie können wir die Sünde der Begehrlichkeit vermeiden? Das Verhalten der Kinder Israel in der Wüste kann uns dabei als gutes Lehrbeispiel dienen. Der Apostel Paulus erwähnt es mit diesen Worten: «Diese Dinge aber sind zum Vorbild für uns geschehen, damit wir nicht nach dem Bösen begierig werden, so wie jene begierig waren» (1. Kor. 10,6). Er bezieht sich auf einen Bericht in 4. Mose 11,4, als die Kinder Israel das von Gott geschickte Manna als widerlich empfanden und verächtlich darüber sprachen. Sie sehnten sich nach scheinbar harmlosen Speisen wie Fisch, Gurken, Melonen, Lauch, Zwiebeln und Knoblauch. Gott zürnte ihnen nicht, weil diese Speisen schlecht waren, sondern weil sie diese so sehr begehrten, dass sie sich nach Ägypten zurückwünschten. Schlimmer noch, sie wollten diese Nahrungsmittel lieber als das Manna, das Gott ihnen gegeben hatte. Anstatt dankbar zu sein und zu sagen: «Gott ist mit uns, weil Er uns in ein besseres Land führt», murrten sie, waren unzufrieden und sehnten sich nach materiellen Vorteilen.

Alles, was ein gläubiger Christ sich mehr wünscht als den geistlichen Segen Gottes, ist etwas Böses. Wir befinden uns auf dem sicheren Weg zur Begehrlichkeit, wenn wir das, was Gott uns gegeben hat, nicht mehr schätzen. Sobald wir den empfangenen Segen als selbstverständlich ansehen, meinen wir, die «Melonen» und «Gurken» dieser Welt haben zu müssen. Die erste Schutzmassnahme gegen den Virus der Begehrlichkeit ist deshalb echte Dankbarkeit Gott gegenüber. Wir müssen uns häufig Seine Barmherzigkeit und Güte in Erinnerung rufen. Wenn wir Loblieder singen, müssen wir mit ganzem Herzen hinter den Worten stehen. Wir müssen uns eingestehen, dass wir Seine Wohltaten nicht verdient haben. Dann müssen wir uns das Staunen und die Freude an den grossen Vorrechten unseres Lebens als Christen bewahren, vor allem in Zeiten, in denen wir Prüfungen und Schwierigkeiten durchmachen, in denen wir enttäuscht und deprimiert sind.

2. Im Geist wandeln

Ein weiteres Gegenmittel gegen die Begehrlichkeit finden wir in Galater 5,16: «Ich sage aber: Wandelt im Geist, so werdet ihr die Lust des Fleisches nicht vollbringen.» Wenn ein Christ im Geist wandelt, bekommt er die Hilfe, die er braucht, um die Begierde nach Befriedigung weltlicher und eigennütziger Wünsche nicht zuzulassen. Ein solcher Christ betet regelmässig um Hilfe und lässt das Wirken des Heiligen Geistes an seinem Gewissen zu. Sobald der Geist Gottes mit einem Gewissensbiss antwortet, weil der Gläubige einen starken Wunsch nach einem materiellen Vorteil oder nach gesellschaftlichem Aufstieg verspürt, reagiert er sofort darauf. Wenn der Christ dann Abstand nimmt vom Kauf eines luxuriösen Konsumgutes oder von einem ehrgeizigen Streben, hat er einen Sieg errungen. Wenn er aber das Wirken des Geistes beiseite schiebt, wird der Sünde der Begehrlichkeit Tür und Tor geöffnet.

Ein Wandel im Geist bedeutet auch, dass der Dienst für Gott im Leben an erster Stelle kommt. Wenn ein Christ sich nicht für den Herrn engagiert und nicht bereit ist, auf diesem Gebiet Verantwortung zu übernehmen, dann wird er seine Energie in persönliche Bedürfnisse und Bestrebungen investieren. Ein solcher Christ wird zu einer leichten Beute der Begehrlichkeit. Diejenigen, die ihre ganze Zeit und Kraft ihrem Zuhause oder ihrem beruflichen Erfolg widmen, werden es schwer haben im Kampf gegen die Lüste des Fleisches, weil sie nicht wirklich im

Geist wandeln. Sie kümmern sich weniger um das Werk und das Reich Gottes als um ihre eigenen Angelegenheiten. Deshalb sind sie den Wünschen ihres gefallenen Herzens auf Gedeih und Verderb ausgeliefert.

3. Begierden abtöten

Die stärkste, in vielen Bibeltexten erwähnte Waffe gegen die Begehrlichkeit ist der aktive Widerstand. Wir können den Kampf gegen die Begierde nicht ausser Acht lassen. Sobald wir aufhören, gegen die subtilen Versuchungen der Begehrlichkeit zu kämpfen, kommen wir vom rechten Weg ab. In Galater 5,24 beschreibt Paulus gläubige Christen mit diesen Worten: «Die aber Christus angehören, die haben das Fleisch gekreuzigt samt den Leidenschaften und Lüsten.» Wieder bezieht sich das Wort *Lüste* auf Sehnsüchte, Begierden und die Liebe zu irdischen Dingen genauso wie auf unmoralische Gedanken. In Epheser 4,22 werden wir aufgefordert, den «alten Menschen» abzulegen, «der sich wegen der betrügerischen Begierden verderbte». Der alte Mensch in uns würde uns gerne wieder beherrschen und uns unter die Herrschaft unserer irdischen Gelüste bringen, aber wir müssen diesem Drang widerstehen und nicht einen Moment nachgeben. Unser altes Wesen ist sehr listig. Angetrieben von den Einflüsterungen des Teufels wird es nicht nachlassen, unsere Liebe zu den Dingen dieser eitlen Welt wieder zu beleben. Es gibt auch ruhige Zeiten, in denen wir mit unserem Los zufrieden sind. Dann wissen wir unsere geistlichen Segnungen und Vorrechte zu schätzen. Aber dann ändert sich das wieder, und die Versuchungen zu Neid, Selbstmitleid und Begierde sind plötzlich übermächtig. Wir müssen uns unsere Schwachstellen immer bewusst machen und stets bereit sein, auf unnötige Anschaffungen oder überflüssige Konsumgüter zu verzichten.

Wenn Paulus zu Timotheus sagt, er solle «die jugendlichen Lüste» fliehen (2. Tim. 2,22), wird häufig angenommen, dass es sich dabei um sexuelle Bedürfnisse handelt. Aber das grie-

chische Wort für *Lüste* beinhaltet sämtliche menschlichen Begierden und lässt sich auch auf die Begehrlichkeit anwenden.
Die Lüste, an die Paulus hier denkt, sind bei jungen Menschen
besonders stark ausgeprägt. Dazu können auch sündhafte
sexuelle Wünsche gehören, aber der Ausdruck «jugendliche Lüste» umfasst auch Ehrgeiz und den Wunsch nach materiellen Gütern. Ehrgeiz wird zu Begehrlichkeit, wenn wir etwas
unbedingt *für uns selbst* wollen, für unsere persönliche Erfüllung und für unseren Gewinn.

Paulus will uns damit eigentlich sagen: «Wenn du in deinen
Tagträumen im Rampenlicht stehst, die Leute dich und deine
Gaben bewundern, dann fliehe vor solchen Gedanken. Denke
an etwas anderes. Laufe innerlich davon, als ob du vor einer be-
vorstehenden Katastrophe wegrennst.»

4. Unsere Gedankenwelt im Griff haben

Wenn wir der Begehrlichkeit widerstehen wollen, müssen wir
unsere Gedankenwelt in den Griff bekommen. Träume und
Wünsche dürfen sich nicht ungehindert entfalten. Das biblische Gebot lautet: «So soll nun die Sünde nicht herrschen in
eurem sterblichen Leib, damit ihr [der Sünde] nicht durch die
Begierden [des Leibes] gehorcht» (Röm. 6,12). Wenn uns deshalb eigennützige Gedanken kommen, dürfen wir unseren Widerstand nicht aufgeben. Wir dürfen es nicht zulassen, dass sich
solche Gedanken weiter entwickeln und uns beherrschen. Das
Gebot Gottes lautet: Hört auf, Pläne zu machen! Hört auf zu
träumen! Lenkt eure Gedanken auf etwas Besseres. Erkennt
die List Satans in solchen Gedanken. Wenn nötig, und wenn
die Versuchungen der Begehrlichkeit auf euch einstürzen, beschäftigt euch mit etwas Sinnvollem oder lest ein gutes Buch,
damit ihr diese unerwünschten Begierden leichter vertreiben
könnt.

Die biblische Methode, mit Begehrlichkeit fertig zu werden,
ist der beharrliche Kampf. Wir müssen uns mit aller Kraft dagegen wehren, Dinge zu wollen, die wir nicht wirklich brau-

chen oder die vom Preis und der Qualität her jedes vernünftige Mass überschreiten. Wenn wir Gott immer um Hilfe bitten, wird Er uns helfen. Wir müssen natürlich auch Dinge meiden, die uns zu begehrlichen Gedanken verleiten. Dazu gehören auch die üppig ausgestatteten Häuser mancher weltliebender «Christen» oder Kataloge, die angefüllt sind mit begehrenswerten Artikeln.

Im Zusammenhang mit seinen Ausführungen über die Gebote (auch das zehnte) sagt Paulus in Römer 13,14: «... sondern zieht den Herrn Jesus Christus an und pflegt (wörtl.: mit Vorbedacht) das Fleisch nicht bis zur Erregung von Begierden!» Wir können diesen Vers auch so formulieren: «Denkt nicht voraus oder macht keine Pläne über Dinge, die euren fleischlichen Gelüsten Vorschub leisten und die dazu führen, dass diese Gelüste befriedigt werden.» Die Welt der Tagträume ist tatsächlich eine Geburtsstätte und Wiege der Begehrlichkeit.

Der Lohn des vernünftigen Denkens und Handelns

In einem positiven Licht betrachtet bringt der Kampf gegen die Begehrlichkeit für gläubige Christen einen grossen Gewinn mit sich, sogar schon in diesem Leben auf Erden. Alle Verheissungen Gottes über unser schon jetzt erfahrbares Glück im Leben mit Ihm hängen davon ab, dass wir frei sind von Begehrlichkeit. In 2. Petrus 1,4 lesen wir: «... durch welche er uns die überaus grossen und kostbaren Verheissungen gegeben hat, damit ihr durch dieselben göttlicher Natur teilhaftig werdet, nachdem ihr dem Verderben entflohen seid, das durch die Begierde in der Welt herrscht.»

Entfliehen wir diesem Verderben? Führen wir ein Leben, das Gott gefällt? Können wir die Frucht Seiner grossen und kostbaren Verheissungen ernten, um Gott besser kennen zu lernen und Ihm ganz zu gehören und Ihm zu dienen, damit wir Seine

Werkzeuge sein können? Bringen wir Menschen die rettende Botschaft von Jesus Christus?

Orientieren wir uns nicht an denjenigen Christen, die diese Welt lieb haben, ihren Begierden nachgeben und sich alles «gönnen», was sie haben wollen. Ehrgeizige, selbstsüchtige Christen, ob sie nun in säkularen Berufen arbeiten oder im Gemeindedienst, sind tragische Figuren, aber keine Vorbilder für andere Gläubige. Denken wir an die Worte Christi: «Sie haben ihren Lohn schon empfangen» (Matth. 6,2.5.16). Was für einen Segen werden wir dagegen empfangen, wenn wir mit aller Kraft gegen die fleischliche Begehrlichkeit kämpfen und dafür beten, dass der Geist Gottes uns beim Kampf hilft!

Das «Geheimnis» des göttlichen Segens

«Jetzt aber, da ihr von der Sünde frei und Gott dienstbar geworden seid, habt ihr als eure Frucht die Heiligung ...»
(Röm. 6,22)

Im menschlichen Denken gibt es eine Tendenz, nach einem «Schlüssel» oder Grundprinzip zu suchen, das als eine Art «Erfolgsgeheimnis» die Lösung für alle Fragen bietet. Auch in christlichen Kreisen gibt es diesen Trend. Wortverkündiger oder Buchautoren aus Vergangenheit und Gegenwart behaupten gerne, das grosse Zentralthema gefunden zu haben, das ständige Freude und geistliche Frucht zur Folge hat. Verschiedene «Geheimnisse» werden als Triebkraft für das christliche Leben präsentiert, wie zum Beispiel das «Geheimnis der Heiligung» in der Heiligungsbewegung, die so genannten Geistesgaben und als aktuellerer Trend die «Freude in Gott». Es ist jedoch unklug, eine einzige Sache, und sei sie noch so sinnvoll, zum einzigen oder wichtigsten Weg zum göttlichen Segen zu machen. *Christus* ist für gläubige Menschen der Schlüssel zu allem, der Weg, Ihn zu kennen, Ihn zu haben, und Ihn zu lieben, Ihm zu dienen und sich darauf zu freuen, bei Ihm zu sein. In Seiner grossartigen Zusammenfassung des göttlichen Gesetzes hat Er uns eine Vielzahl von «Zielen» genannt: «Du sollst den Herrn, deinen Gott, lieben mit deinem ganzen Herzen und mit deiner ganzen Seele und mit deiner ganzen Kraft und mit deinem ganzen Denken, und deinen Nächsten wie dich selbst!» (Luk. 10,27).

Nachdem wir Jesus als unseren Erlöser angenommen haben, werden wir gemäss dem Massstab des Gesetzes unser Herz erforschen, unsere Seelen inspirieren und unseren Verstand beherrschen lassen. Das ist der Weg der Heiligung, das Leben in vollkommener Abhängigkeit des Heiligen Geistes. Das Gesetz bleibt unser Massstab, unsere Richtschnur und unser Schutz. Sogar ausgesprochen geistliche Pflichten wie Glaube, Liebe und Aufrichtigkeit sind darin enthalten, besonders in den beiden ersten Geboten, in denen es darum geht, Gott allein zu lieben und Ihm zu vertrauen, während das dritte Gebot die Aufrichtigkeit hervorhebt.

Aus dem Blickwinkel eines erlösten Menschen findet sich fast jede positive und geistliche Herzenshaltung in den Zehn Geboten wieder. Natürlich gibt es auch Aufgaben, die uns das Evangelium stellt, und die ausschliesslich im Neuen Testament zu finden sind, wie zum Beispiel die Pflicht, über Christus Zeugnis abzulegen. Aber wenn wir sie richtig verstehen, bieten uns die Zehn Gebote ein grossartiges Programm für ein gottgemässes Leben.

Wir haben Heiligung bitter nötig. Ohne sie können wir unsere Liebe zu Christus nicht richtig ausdrücken, denn Er hat gesagt: «Liebt ihr mich, so haltet meine Gebote!» (Joh. 14,15). Ohne sie kann es auch keine Gewissheit des Glaubens geben. Deshalb sagt Johannes: «Meine Kinder, lasst uns nicht mit Worten lieben noch mit der Zunge, sondern in Tat und Wahrheit! Und daran erkennen wir, dass wir aus der Wahrheit sind, und damit werden wir unsere Herzen vor Ihm stillen» (1. Joh. 3,18–19). Die Wirksamkeit unseres persönlichen Zeugnisses und das Wachstum der Gemeinde Jesu beruhen ebenfalls auf einem gottgemässen Leben, denn der Apostel Paulus sagt: «Jeder, der den Namen des Christus nennt, wende sich ab von der Ungerechtigkeit», um «geheiligt und dem Hausherrn nützlich, zu jedem guten Werk zubereitet» zu sein (2. Tim. 2,19–21). Wirklich wirksames Gebet erfordert ebenfalls ein geheiligtes Leben, wie Jakobus es ausdrückt: «Das Gebet eines Gerechten vermag viel, wenn es ernstlich ist» (Jak. 5,16). Durchhaltevermögen in schweren Zeiten kommt ebenfalls aus einem geheiligten Wandel. Das erfahren wir von Petrus, der darüber spricht, wie wir mit Schwierigkeiten umgehen sollen, und als Krönung seiner ermunternden Worte diese «Methode» empfiehlt: «... sondern wie der, welcher euch berufen hat, heilig ist, sollt auch ihr heilig sein in eurem ganzen Wandel» (s. 1. Petr. 1,6–15).

Wer wagt es dann noch, eine bestimmte geistliche Pflicht als alleiniges «Erfolgsrezept» darzustellen? Der Herr offenbart uns im göttlichen Kodex der Zehn Gebote ganze «Familien» von Sünden, die wir vermeiden, und positive Eigenschaften, die wir uns zu Eigen machen sollen, «damit der Mensch Gottes ganz zubereitet sei, zu jedem guten Werk völlig ausgerüstet» (2. Tim. 3,17). Wenn wir nach einem heiligen, gottgemässen Leben streben, dann muss unser Hauptmotiv geprägt sein von der Empfindung, die Isaac Watts mit diesen Worten ausdrückt:

Eine solche erstaunliche göttliche Liebe
erfordert mein Leben, meine Seele, mein ganzes Ich.

«Das Gesetz des HERRN ist vollkommen,
es erquickt die Seele;
das Zeugnis des HERRN ist zuverlässig,
es macht den Unverständigen weise.
Die Befehle des HERRN sind richtig,
sie erfreuen das Herz;
das Gebot des HERRN ist lauter,
es erleuchtet die Augen.

Die Furcht des HERRN ist rein,
sie bleibt in Ewigkeit;
die Bestimmungen des HERRN sind Wahrheit,
sie sind allesamt gerecht.
Sie sind begehrenswerter als Gold und viel Feingold,
süsser als Honig und Honigseim.
Auch dein Knecht wird durch sie belehrt,
und wer sie befolgt, empfängt reichen Lohn.» *(Ps. 19,8–12)*

Anhang

Bibelverse über die bleibende Gültigkeit der Zehn Gebote

Jeremia 31,31–33 und Hebräer 10,15–16: Durch Jeremia verkündet Gott, dass in der Zeit des Neuen Testaments die Mitglieder der Gemeinde Jesu Sein Gesetz (d. h. Sein unveränderliches Gesetz) auf eine besondere Art in ihren Herzen haben. Römer 3,20: Die Gebote Gottes machen die Sünde offenbar. Wenn sie sich verändern oder einige von ihnen nicht mehr gelten, verändert sich auch die Sünde.

Römer 7,12.14: Paulus bekräftigt, dass das Gesetz heilig, gerecht und gut ist. Es ist geistlich. Das bedeutet, dass es das Werk des Heiligen Geistes ist und das unveränderliche Wesen Gottes widerspiegelt.

Römer 13,8–10: Paulus zeigt auf, dass erlöste Menschen danach streben sollen, das Gesetz Gottes zu erfüllen.

Jakobus 2,8.11–12: Jakobus fordert den Gehorsam gegenüber dem Gesetz, aber er verdeutlicht, dass es für erlöste Menschen keine Verurteilung bedeutet (weil sie die Begnadigung des Königs erhalten haben), sondern ein Gesetz der Freiheit ist. Als freie Menschen gehorchen sie freiwillig den Geboten ihres Königs.

1. Johannes 3,4: Das göttliche Gesetz ist der einzige und bleibende Massstab für Gerechtigkeit.

1. Johannes 5,2–3: Das endgültige Zeichen einer wahren Bekehrung ist die Liebe zu Gott und der Gehorsam den Zehn Geboten gegenüber. Wir empfinden diese Gebote nicht als Last oder Ärgernis, sondern schätzen sie als Massstäbe und Ratschluss Gottes.

Gottes Botschaft an eine sterbende Welt

Masters Peter
KraftWort
(SV) Pb., 240 Seiten,
Best.-Nr. 818412
ISBN 3-85666-412-2

Selbst dort, wo das freie Angebot des Evangeliums prinzipiell wertgeschätzt wird, ist die regelmässige evangelistische Verkündigung eine Seltenheit geworden, so behauptet der Autor. Dieses Buch nimmt diese Unterlassung theologisch und praktisch zum Anlass und ermutigt Christen im Alltag sowie im Verkündigungsdienst als «Seelenärzte», das Evangelium zu verkündigen. Es liefert eine elementare Anatomie bzw. Ordnung der Bekehrung sowie Ratschläge für den seelsorgerlichen Umgang mit Suchenden.

Der Autor zeigt, wie man Bibeltexte für die evangelistische Verkündigung aussucht und aufbereitet. Ausserdem hinterfragt er die modernen Gemeindewachstumstechniken und verdeutlicht die Vorrangstellung direkter Verkündigung. Diese und weitere wichtige Themen machen dieses Buch zu einem umfassenden Lehrbuch des Seelengewinnens.

Schwengeler

www.schwengeler.ch, Tel. (0041) (0)71 727 21-27 (Fax -28), bestellung@schwengeler.ch

Ein Mädchen überlebt
seine Abtreibung

Shaver Jessica
Gianna
(SV) Pb., 128 Seiten
Best.-Nr. 818051
ISBN 3-85666-051-8

Tina ist gerade 17, als sie an einem Aprilmorgen 1977 aus dem Bus steigt und eine Abtreibungsklinik betritt. Mangelhaft informiert und gutgläubig, lässt sie sich eine Salzlösungsinjektion verabreichen und wartet darauf, den «Zellklumpen» in ihrer Gebärmutter abzustossen. Doch es kommt anders. Anstatt «fötalem Gewebe» bahnt sich ein kleines Mädchen seinen Weg in die Welt ...

Schwengeler

www.schwengeler.ch, Tel. (0041) (0)71 727 21-27 (Fax-28), bestellung@schwengeler.ch

Die christliche Zeitschrift

10 Gründe,

1 ethos vertritt echte Werte und klare biblische Standpunkte

2 ethos ist aktuell und vielseitig

3 ethos besticht durch professionelle Bilder und Reportagen

4 ethos zeigt Lösungen für Lebensprobleme

5 ethos veröffentlicht bewegende Erfahrungsberichte

6 ethos nimmt Stellung zu Zeitfragen und Trends in der Gesellschaft

7 ethos bringt Basteltipps und -anleitungen

8 ethos präsentiert ansprechende Kinder- und Jugendseiten

9 ethos interviewt interessante Persönlichkeiten

10 ethos spricht alle an und sorgt 12 x im Jahr für Überraschungen

Bestellen Sie ein Schnupper-Abo (6 Ausgaben) zum **Schnupper-Preis!**

Zu beziehen bei: Schwengeler Verlag, Hinterburgstrasse 8, CH-9442 Berneck
Telefon in der Schweiz: 071 727 21 25, aus anderen Ländern: ++41 71 727 21 25
Fax in der Schweiz: 071 727 21 23, aus anderen Ländern: ++41 71 727 21 23
E-Mail: abo@ethos-magazin.ch, online: **www.ethos-magazin.ch**

Peter Masters
Gottes Lebensprogramm
Der Schlüssel zu den 10 Geboten
für Christen im 21. Jahrhundert